Jay E. Adams

A Vida Cristã no Lar

A214v   Adams, Jay Edward, 1929-
        A vida cristã no lar / Jay E. Adams 2 ed.
        São José dos Campos, SP: Fiel, 2018

        213p.
        Tradução de: Christian living in the home
        ISBN 9788599145975

        1. Família – Vida religiosa. I. Título

                                              CDD: 248.4

Catalogação na publicação: Mariana C. de Melo Pedrosa – CRB07/6477

A Vida Cristã no Lar
Traduzido do original em inglês:
Christian Living in The Home
Copyright © 1972 by Jay E. Adams

•

Publicado por
P&R Publishing Company
P.O. Box 817 - Phillipsburg, NJ 08865 - USA

•

Copyright©1977 Editora FIEL.
1ª Edição em português: 1977
2ª Edição em português: 2011

Todos os direitos em língua portuguesa
reservados por Editora Fiel da Missão
Evangélica Literária
PROIBIDA A REPRODUÇÃO DESTE LIVRO POR
QUAISQUER MEIOS, SEM A PERMISSÃO ESCRITA
DOS EDITORES, SALVO EM BREVES CITAÇÕES, COM
INDICAÇÃO DA FONTE.

•

Diretor: Tiago J. Santos Filho
Editor: Tiago J. Santos Filho
Tradução: João Bentes
Revisão: Francisco Wellington Ferreira
Diagramação: Edvânio Silva
Capa: Rubner Durais
ISBN: 978-85-99145-97-5

Caixa Postal 1601 | CEP: 12230-971
São José dos Campos, SP
PABX: (12) 3919-9999
www.editorafiel.com.br

Índice

1 - Um lar centralizado em Cristo 9

2 - Esperança e ajuda para sua família 17

3 - Comunicação em primeiro lugar 31

4 - Princípios bíblicos básicos sobre a família 59

5 - Pessoas solteiras 83

6 - Uma palavra às esposas 99

7 - Liderança amorosa 127

8 - Disciplina com dignidade 155

9 - Como viver com um marido incrédulo 193

Conclusão 211

Prefácio

Este livro tem o objetivo de cumprir dois propósitos fundamentais. Primeiro, espero que indivíduos e famílias usem o livro para si mesmos. No lar, ele pode ser usado para avaliar, comentar e aperfeiçoar vários aspectos do lar cristão. Creio que ele indicará o caminho das soluções que Deus tem para os problemas familiares.

Segundo, este livro foi especialmente preparado como um auxílio para conselheiros cristãos. Pode ser usado no aconselhamento de cônjuges, pais e filhos ou membros da família como indivíduos. No aconselhamento de famílias, os capítulos podem ser designados para leitura e discussão no intervalo entre as sessões. As tarefas no final dos capítulos devem ser feitas antes da sessão seguinte. No aconselhamento pré-nupcial, os conselheiros podem achar útil designar como tarefa os capítulos 4 a 7.

A minha oração é que o Espírito de Deus use esta exposição e aplicação de sua Palavra na vida de muitas famílias, para bênção delas e crescimento da igreja do Senhor Jesus Cristo.

Jay E. Adams
Filadélfia, maio de 1972

CAPÍTULO 1

Um lar centralizado em Cristo

É possível ter um lar centralizado em Cristo no mundo atual de problemas e pecado? Se você é crente deve estar interessado nesse assunto. Você pode estar preocupado porque reconhece que seu lar deixa muito a desejar quanto a essa descrição. Se isso é verdade, não é, de modo algum, uma verdade restrita a você e ao seu lar. Você está na companhia de muitos outros crentes que, em seus momentos de franqueza, lhe dirão que também enfrentam as mesmas dificuldades. Não enganemos a nós mesmos. Em sua maioria, os lares cristãos ficam lamentavelmente aquém dos padrões bíblicos; e todos sabemos muito bem disso. Então, talvez devamos começar fazendo esta pergunta: como é um verdadeiro lar cristão? É um lugar idílico onde reinam, continuamente, a paz e o silêncio, a tranqüilidade e a alegria? É claro que não! O primeiro e mais importante fato a recordar sobre um verdadeiro lar cristão é que *ali vivem pecadores*.

A idéia de que um lar cristão é um lugar perfeito ou quase perfeito não é bíblica. No lar, os pais falham. E muitas vezes falham lamentavelmente. Falham no relacionamento mútuo. Falham em relação aos filhos e, obviamente, em relação a Deus. Os filhos também falham. Trazem boletins escolares cheios de notas baixas, fazem pirraça no supermercado e tentam fazer os caroços de feijão rolarem pela faca, quando o pastor é convidado para jantar. Marido e mulher discutem, ficam irritados um com o outro e, às vezes, têm desentendimentos sérios. É claro que há também resultados positivos, mas o que quero ressaltar aqui é que as condições freqüentemente não são ideais. Esse é um retrato realista de um verdadeiro lar cristão.

Talvez você esteja pensando se há alguma diferença entre essa descrição e a da casa ao lado, onde ninguém professa ter fé em Jesus Cristo. Você pode estar pensando: por que ele descreveu um verdadeiro lar cristão nesses termos? A resposta é simples: é exatamente isso que toda a Bíblia nos dá razão de esperar entre pessoas convertidas, mas ainda imperfeitas. Na verdade, toda a Bíblia trata, do princípio ao fim, de como Cristo salva os homens de seu pecado. A salvação é completa; envolve justificação, santificação e glorificação. Pela graça, por meio da fé, Deus justifica os crentes num ato instantâneo. Isso quer dizer que Cristo morreu pelo homem para que a penalidade de seus pecados fosse paga e a justiça de Cristo fosse imputada ao homem. No momento em que crêem, os crentes são declarados justos diante de Deus. Uma vez justificados, Cristo os salva do poder de seus pecados, por meio do *processo vitalício* da santificação. Na santificação, os crentes são transformados pouco a pouco à imagem de Jesus Cristo. Esse processo vitalício nunca acaba, e o objetivo final só é alcançado na morte. Ao morrer, os crentes são glorificados e tornam-se perfeitos pela primeira vez. Mas, durante esta vida terrena, os crentes continuam a pecar.

"Como a sua descrição do lar cristão difere da descrição da família descrente, que mora ao lado?", você insistirá. Essa pergunta precisa ser respondida. E na sua resposta está a mensagem deste livro.

Um verdadeiro lar cristão é um lugar onde vivem pecadores; mas é, também, um lugar onde as pessoas admitem esse fato, compreendem o problema, sabem qual é a solução e, como resultado, crescem na graça. Examinemos em maiores detalhes as três diferenças significativas que tornam a situação completamente diferente.

1. Os crentes admitem seus pecados. Por saberem que a Bíblia diz que nenhum crente jamais é perfeito nesta vida (cf. 1 João 1.8-10), os crentes podem reconhecer esse fato, aprender a antecipar o pecado e se preparar para lidar com ele. Os crentes jamais devem recorrer a racionalizações, desculpas ou transferência de culpa (embora, é claro, como pecadores, às vezes o façam) para tentar diminuir a importância de seus pecados. Não precisam encobrir coisa alguma, pois sabem que todos os crentes pecam. Pode haver certo grau de franqueza, honestidade e flexibilidade nos relacionamentos que os crentes mantêm uns com os outros, especialmente no lar. Não estou sugerindo, de maneira alguma, que podemos ser flexíveis com o pecado. Pelo contrário, o que estou tentando dizer é que os crentes não precisam perder horas de esforço inútil, tentando encobrir seus rastros de pecado. Não precisam inventar meios de enganar os vizinhos, fazendo-os crer que são expressões da mais perfeita humanidade. Podem admitir livremente aquilo que sabem ser verdade: foram incapazes de cumprir a vontade de Deus. Com a liberdade de admitir a verdade, vem a possibilidade de arrependimento; e, com o arrependimento, eles podem esperar o perdão e a ajuda de Deus e a ajuda mútua. Os crentes podem, como resultado disso, escapar rapidamente de padrões pecaminosos de vida. Podem concentrar seu tempo e suas energias no esforço de substituir os padrões pecaminosos por padrões bíblicos de vida. Em vez de perderem tempo minimizando ou negando o pecado, os crentes podem se concentrar em tratar do pecado.

Os pais podem, certamente, evitar muito sofrimento desnecessário na criação de seus filhos, quando, de maneira natural (em vez de ficarem falsamente chocados), esperam que seus filhos façam coisas erradas em casa, na escola e em público. Portanto, não há necessidade de sujeitar os filhos a uma disciplina excessiva e imprópria ou à raiva excessiva que, às vezes, resulta do sentimento de vergonha que os pais têm. Uma vez preparados para admitir que a doutrina bíblica do pecado original, além de ser verdade em teoria, é um princípio que opera na vida de João e de Maria, os pais podem deixar de lado as tensões e tratar o problema de maneira apropriada (biblicamente). Outra vez, isso não significa que desculparão ou ignorarão um comportamento pecaminoso em seus filhos, ou que deixarão de se preocupar com isso, por ser algo inevitável, sobre o qual nada pode ser feito. Não, nada disso. Pelo contrário, reconhecerão o pecado como ele realmente é e lidarão com ele de maneira bíblica. Tudo isso nos leva à segunda diferença.

2. Os crentes sabem o que fazer com seus pecados. Por terem a Bíblia como seu padrão de fé e prática, além de saberem por que ocorrem problemas em casa, os crentes também sabem o que fazer com eles. Assim, o verdadeiro lar cristão difere da casa do vizinho porque pode usar preceitos e exemplos bíblicos com sucesso, para abordar e resolver toda e qualquer ocorrência de pecado. Essa é uma diferença muito significativa. A Bíblia não se limita a fornecer orientação sobre o que fazer quando um ou mais membros da família pecam; vai além disso e mostra o que fazer para que tenhamos certeza de que tal erro não se repetirá no futuro. Já que este livro é dedicado a considerações de muitos dos problemas mais comuns encontrados nos lares cristãos, não me deterei neste ponto, a esta altura do livro.

3. Os crentes abandonam seus pecados. Onde há vida espiritual, há também crescimento espiritual.

Nenhum crente pode permanecer o mesmo ontem, hoje e amanhã. Uma suposição fundamental da fé cristã é que haverá progresso, partindo do pecado e seguindo em direção à justiça. Onde houver estudo bíblico, oração, testemunho e comunhão dos santos, o Espírito Santo de Deus estará agindo para produzir o seu fruto. Esse fruto é justiça. Este livro também aborda as várias maneiras como a Bíblia pode ser usada preventivamente em lares cristãos, para evitar as provações e problemas que a família do vizinho tem de enfrentar apenas porque não possui esse padrão.

    O lar cristão é um lugar em que pessoas pecadoras enfrentam os problemas de um mundo pecaminoso. Todavia, enfrentam-nos com Deus e seus recursos, os quais estão todos centralizados em Cristo (cf. Cl 2.3). As pessoas que vivem no lar cristão são pecadoras, mas o Salvador, que não tem pecado, vive ali também. E isso faz toda a diferença!

CAPÍTULO 2

Esperança e ajuda para sua família

Há esperança e ajuda para sua família. Em nossos dias, ouvimos muita coisa sobre fracasso. Pastores, sociólogos, psicólogos e um exército de outros profissionais nos afirmam que o lar fracassou, que os pais fracassaram, que os programas governamentais para resolver os problemas de crime e delinqüência fracassaram e que a igreja cristã também fracassou. Não é surpreendente que, às vezes, até os crentes comecem a se perguntar se há alguma esperança de que os problemas de seus lares sejam resolvidos

Os crentes, como muitos outros em nossa sociedade, podem estar perguntando: "Podemos fazer alguma coisa significativa?" Eles talvez pensem: "Os problemas mundiais ficaram tão grandes que, afinal de contas, não há mais esperança?" Infelizmente, os crentes têm uma tendência de comprar o que o mundo vende. Se você é dos que já perderam a esperança, isso pode ser parte do seu problema.

Considere, por exemplo, um produto que o mundo vem anunciando há algum tempo e que alguns dos crentes mais conservadores têm comprado. Esse produto é um ponto de vista que culpa a doença pela maioria de nossos problemas e fracassos. A tragédia é que, enquanto o mundo fala de doença, Deus fala, freqüentemente, de pecado. Por exemplo, a Bíblia não chama este mundo de *doente.* Mas esta parece ser uma designação favorita de todas as pessoas à nossa volta. Vivem dizendo isto, de um modo ou de outro: "Este mundo está doente; este país está doente; fulano de tal está doente". Esse parece ser o diagnóstico moderno (e a desculpa moderna) para a maioria de nossos problemas!

O problema é que o modelo médico (o ponto de vista de que a doença está na base da maioria de nossos problemas) se tornou muito mais que uma metáfora.

Como metáfora ou figura de linguagem, a idéia

de falar de pecado como uma doença é perfeitamente aceitável.[1] Muitas pessoas entendem que *doença* não é uma metáfora; aceitam-na literalmente como um fato. Foram ensinadas a pensar que uma doença estranha é a base de todas as nossas dificuldades. As pessoas falam seriamente, por exemplo, sobre doença mental. Mas, com essas palavras, querem dizer algo completamente diferente de lesão cerebral, que é a única forma *literal* de doença mental. Usam as palavras *doença mental* para se referir a problemas de crianças que vão mal na escola, filhos que têm dificuldades com os pais ou um casamento que está desmoronando. Essa terminologia transforma a metáfora em realidade. É um erro sério falar de doença ou enfermidade, ao discutir a causa de um problema, quando não há qualquer evidência de problemas orgânicos, como lesões cerebrais, danos provocados por tóxicos ou disfunções glandulares. Mas, alheia a essa distinção, a sociedade moderna reuniu uma grande variedade de problemas sob uma única categoria – doença.

Para aumentar a confusão, é possível que uma pessoa fique doente (literalmente) por deixar de fazer o que Deus ordena a respeito de seus problemas. A

---
[1] É aceitável porque é bíblica. Ver Isaías 1:5-6. Infelizmente, essa figura bíblica tem sido usada com tanta precaução em nossos dias, por receio de ser mal compreendida.

preocupação, por exemplo, pode causar úlceras; o medo pode provocar paralisia, e o ressentimento levar à colite. Entretanto, note bem que, nesses casos, a doença é o *resultado*, e não a *causa* do problema. Em cada um dos casos, a causa é o pecado.

Há algo muito enganador em chamar o pecado de doença. Designar problemas que se originam na desobediência à lei de Deus como "problemas emocionais" ou "doença" é trocar a Palavra de Deus por eufemismos. As pessoas podem ter boas intenções ao fazer isso (e geralmente as têm); mas, como em todas as ocasiões em que alguém tenta conseguir o bem fazendo uma coisa má, o resultado é destrutivo. Usando o que se alega ser um termo mais suave ou cordial, acabam por pregar a mais cruel das mentiras. Afinal de contas, chamar o pecado de doença não é tão cordial assim; pelo contrário, quando alguém faz isso, elimina a esperança!

Não há cura para a enfermidade chamada doença mental. Chamando-a de doença, você destrói a esperança, porque as pessoas sabem que não há cura para doença mental. Não há vacina ou injeção para essa estranha doença que ninguém é capaz de isolar. Mas, se você a chamar pelo que realmente é – pecado – dará esperança ao crente. Se você pode determinar genuinamente a causa do problema de um crente como uma falta de conformação à vontade de Deus revelada nas Escrituras Sagradas, você lhe dá uma esperança viva. Há pouca esperança se ele foi tomado por uma doença misteriosa, sobre a qual ele não tem controle e para a qual a medicina não tem cura. Esse modo de encarar os problemas traz incerteza, desespero e depressão. Poucas pessoas ficarão contentes se você lhes disser que estão mentalmente doentes. Mas, se você disser a um crente: "O seu problema é que você está pecando", você lhe dará esperança, pois ele sabe que Jesus Cristo veio para morrer pelo pecado. Ele sabe que Cristo morreu em seu lugar na cruz e tem a resposta para o seu problema. Sabe que há resposta em algum lugar nas Escrituras. Assim, você faz o maior favor quando chama o pecado de *pecado*, à semelhança do que um médico faz quando diz honestamente ao paciente que ele precisa de uma cirurgia. O modelo médico, baseado no conceito de doença, ao invés de trazer esperança, traz desespero.

Além disso, o modelo médico tende a anular a responsabilidade. Um paciente diz: "Estou doente; não posso evitar meu comportamento". Inevitavelmente, essa atitude o aprofunda ainda mais no pecado. Ele pode tentar se convencer de que não pecou. Antes, ele sabia muito bem que tinha pecado e estava com problemas; agora, todos lhe dizem: "Não, você não é o responsável", ou: "Você não podia evitar", ou: "Você está doente por causa do que seus pais ou a sociedade fizeram contra você", ou: "Seu problema se originou daquela experiência traumática em seu passado", ou: "Você está doente e não deve se sentir envergonhado por isso; você não podia evitar". Assim, ele começa a duvidar de sua opinião inicial. Finalmente, sua consciência pode ficar endurecida por essa abundância de opiniões, deixando de ser sensível e dócil à Palavra de Deus. Talvez para esse crente se torne mais e mais difícil reconhecer o pecado como ele é. Isso pode continuar até que o Espírito de Deus produza uma disciplina ou um impasse em sua vida, para reavivar nele a compreensão de que seus problemas foram realmente causados pelo pecado. Por que ele precisa passar por tudo isso, quando lhe pode ser poupada toda a agonia, chamando o pecado de *pecado*? O que ele precisa é de arrepender-se. Precisa de nada menos que as mudanças significativas que só podem ser realizadas pelo Espírito Santo. Muita mágoa e muito sofrimento são evitados quando o pecado é reconhecido e designado como tal desde o princípio.

À luz dessas observações preliminares, voltemos nossa atenção aos problemas familiares. Há *esperança*. A maioria dos problemas familiares não resultam de doenças orgânicas ou de qualquer coisa que possa ser legitimamente chamada de doença. A doença orgânica pode afetar o comportamento, é claro; mas essas dificuldades relativamente raras estarão ausentes nos comentários deste livro. Em vez disso, focalizaremos o grande número de problemas que as famílias cristãs enfrentam por causa de padrões de vida pecaminosos. Estes surgiram e se desenvolveram da falta de estudar e aplicar a Palavra de Deus no poder do Espírito. Há esperança, esperança real para você e sua família. Os problemas que você tem podem ser resolvidos. Há esperança para sua família, para sua vida e para seus filhos, porque Deus é o alicerce dessa esperança. Você não precisa pensar e falar em fracasso. Pelo contrário, você pode falar em sucesso, sucesso real, sucesso sólido, sucesso vibrante! Você tem um Salvador, e ele lhe deu sua Palavra e seu Espírito. A Bíblia tem a resposta para seus problemas. Pelo poder do Espírito Santo, você pode viver de acordo com as Escrituras. Assim, a primeira coisa a notar é que há esperança.

Realmente, há esperança. Por causa do desespero que parece estar se espalhando entre os crentes contemporâneos, é preciso enfatizar essa verdade. Freqüentemente, os crentes procuram um conselheiro cristão como último recurso, esperando contra a esperança. Eles já estiveram com outros conselheiros, ouvindo e tentando isto ou aquilo, sem obter qualquer resultado. Alimentaram muitas vezes grandes esperanças, mas viram-nas frustradas. Quando o conselheiro cristão encontra aqueles que o buscam, esses mantêm a esperança à distância. Receiam ter esperança outra vez e que esta seja frustrada novamente, como no passado. Isso é compreensível para todo conselheiro cristão; ele trabalha constantemente com pessoas que não têm esperança. Talvez você tenha esse problema. Se receia voltar a ter esperança, precisa compreender que há esperança, apesar da sua descrença e dos fracassos repetidos. Se você é uma pessoa que já teve esperança, mas viu suas esperanças serem frustradas, precisa ter esperança novamente. Mas, desta vez, você tem de basear sua esperança nas promessas e orientações firmes da Palavra de Deus. Há esperança para solucionar os problemas familiares se você seguir as instruções de Deus. Sim, o seu problema pode ser resolvido. Isso significa, por exemplo, que um problema com seu filho que começou a usar drogas – até esse problema – pode ser resolvido. Há esperança.

Você dirá: "Você fala de maneira muito positiva; mas, se conhecesse o meu problema, mudaria de opinião. Além disso, por que eu deveria confiar em você? Outras pessoas já tentaram vender-me esperança. Tem certeza de que não está fazendo uma 'promoção' de esperança, contrária às Escrituras?" Eu posso entender e me identificar com sua hesitação, mas devo protestar contra ela, porque é biblicamente errada. Deixe-me mostrar-lhe uma passagem importantíssima da Palavra de Deus: "Não vos sobreveio tentação que não fosse humana; mas Deus é fiel e não permitirá que sejais tentados além das vossas forças; pelo contrário, juntamente com a tentação vos proverá livramento, de sorte que a possais suportar" (1 Co 10.13). Esse versículo transborda de esperança. Nele, Paulo oferece aos crentes todo tipo de esperança.

Você entende o que Deus prometeu aos coríntios? Em primeiro lugar, ele disse: "Quero que vocês saibam que não os chamei a enfrentar nenhum problema novo e especial". Isso não é maravilhoso? Jesus Cristo, que foi "tentado em todas as coisas, à nossa semelhança, mas sem pecado", enfrentou o seu problema com sucesso. Outros crentes, que seguiram os passos de Jesus pela orientação de sua Palavra e pelo poder de seu Espírito, também enfrentaram esse problema com êxito. Isso significa que, pelos recursos de Deus, você pode enfrentá-lo com sucesso também. Uma das razões por que Paulo escreveu essas palavras era dar esperança àqueles crentes. Você também não deve alimentar esperança?

Confesso que algumas pessoas sorriem amargamente quando você lhes diz que não há problemas especiais. Elas pensam nas diferenças geográficas e culturais entre

Corinto e o mundo moderno, causadas pelo tempo. Podem concentrar sua atenção na intensidade de seu próprio problema. "Ninguém tem de viver com um marido como o meu", dirão algumas mulheres. "Ninguém tem que agüentar pais como os meus", dirão alguns filhos. "Se você tivesse que lidar com o meu rapaz, não falaria assim", talvez você esteja pensando ao ler essas palavras. Penso que sei como você se sente, mas continuo a afirmar que você está equivocado. Deus está certo, e você está errado. Ele sempre está certo. "Seja todo homem mentiroso", mas Deus continua a estar certo. Ele diz que há esperança. Depois de removidas as diferenças superficiais – que, é claro, são distintamente pessoais –, não há problema que seja exclusivo e único. Quando você reduz os problemas à sua expressão central, todos eles se tornam problemas comuns. No fundo, não há qualquer problema exclusivo debaixo do sol. Não há qualquer problema que você, ou eu, ou outra pessoa enfrenta que não tenha atormentado sempre os filhos de Adão. Não há problema que não tenha sido enfrentado com sucesso por outros crentes, inúmeras vezes. Como podemos saber que há esperança? Porque Deus afirma que há. Essa passagem toda enfatiza isso.

Num aspecto superficial, a vida na cidade de Corinto era completamente diferente da vida do povo de Israel no deserto do Sinai. As duas situações podiam

Esperança e ajuda para sua família 27

ser contrastadas vividamente em termos de diferenças geográficas, históricas e culturais. Corinto era um porto metropolitano fervilhante; na verdade, era uma cidade com dois portos marítimos, situada em um istmo. Era ali que se realizavam os Jogos Coríntios, famosos em todo o mundo. Pessoas de todo o mundo grego vinham assistir a esses jogos. O istmo ligava a Grécia propriamente dita ao Peloponeso, uma península em forma de dedo, ao sul da Grécia. O tráfego norte-sul passava por Corinto, bem como boa parte do tráfego leste-oeste. A viagem marítima ao longo do litoral sul da Grécia era muito difícil. Era mais seguro e mais fácil descarregar a carga e os passageiros de um navio de um lado da cidade, enviar ambos por terra, através do istmo estreito, e reembarcá-los em outro navio, no outro porto, do lado oposto da cidade.

Corinto estava infestada de toda espécie de vício e tentação. Idéias de todo o mundo fluíam para aquela cidade. Sendo um porto marítimo duplo, Corinto era, acima de tudo, uma cidade de marinheiros, que continha toda a corrupção decorrente disso. Corinto era conhecida por todo o mundo como uma cidade imoral. Na verdade, chamar alguém de coríntio era insulto terrível.

Então, eu lhe pergunto o que poderia ser mais diferente desse tipo de comunidade do que a vida diária de um povo nômade que vagueava por um deserto isolado e vivia diariamente à base de maná? Sem dúvida, pode ser difícil conseguir um contraste mais vívido do que o contraste que existe entre o nômade povo de Israel e a fervilhante cidade de Corinto. No entanto, notem o que Paulo fez. Intencionalmente, ele colocou lado a lado essas duas situações contrastantes e disse que são a mesma coisa. O que acontecera centenas de anos antes aos israelitas era um exemplo excelente, disse Paulo, a ser seguido pelos coríntios, porque falava de tentações comuns, enfrentadas pelos dois grupos. Essas coisas aconteceram aos israelitas no deserto, mas as mesmas coisas acontecem a vocês, em Corinto, vivendo nessa fase tão avançada da História ("sobre quem os fins dos séculos têm chegado").

Você também pode presumir com segurança que aquelas coisas sucedidas aos israelitas e coríntios são exemplos para você, embora você viva neste lugar e neste século. Não são apenas os israelitas e coríntios que cobiçam "as coisas más"; as pessoas modernas têm o mesmo problema. Aquelas coisas que aconteceram foram "exemplos" e, por isso, foram escritas, igualmente, "para advertência nossa". A Bíblia é relevante e fala conosco em nossa época. Há boa razão para isso. A razão é que nenhuma pessoa, em qualquer época da História, jamais teve de enfrentar um problema verdadeiramente exclusivo. Os homens de todas as eras são seres humanos criados por Deus à sua imagem. Deus ainda é o mesmo, o pecado ainda é o mesmo, homens de todas as épocas continuam sendo os mesmos. Os problemas podem assumir formas diferentes, surgir em intensidades diferentes, em ocasiões diferentes, ou serem combinados de maneiras diferentes uns com os outros; mas, fundamentalmente, são os mesmos tipos de problemas que os homens sempre tiveram de enfrentar e continuarão a enfrentar. Isso deveria infundir consolo e esperança em você. As soluções que Deus deu aos israelitas e aos coríntios resolverão problemas também em nossa era moderna.

Hoje, falamos de abismo entre as gerações. Não é, na realidade, um abismo entre as gerações; é, de fato, uma superposição de gerações. Esse é o problema. Antes costumava haver um longo período de tempo em que as mudanças ocorriam gradativamente entre as gerações. Eram necessárias várias gerações para que mudanças de vulto acontecessem. Agora, as mudanças ocorrem tão depressa, e a comunicação é tão imediata que, no mesmo minuto em que o astronauta sai de sua nave e pisa o solo da lua, todos nós ficamos sabendo. Por meio da televisão, estamos virtualmente junto com ele, lá na lua. Já não são necessários dias para que os homens sejam inteirados de acontecimentos importantes; bastam alguns segundos. As pessoas costumavam debater um problema por toda uma geração; agora, antes de uma idéia chegar à imprensa, muitas vezes já está desatualizada. Como resultado, as gerações se amontoam umas sobre as outras. Os mesmos problemas surgem maiores e mais depressa do que antes. No entanto, os problemas não são, em si mesmos, novos ou exclusivos; apenas parecem sê-lo porque precisamos tratar de mais problemas com maior rapidez. Esse é o nosso desafio especial como crentes, hoje.

As coisas estão mudando tão depressa que muitas vezes é difícil decidir ao que se apegar e o que assimilar. Mas os problemas que nossos pais enfrentaram e que os nossos filhos enfrentarão não são diferentes em essência. E Deus, em sua providência, tornou disponíveis novos meios de tratar os problemas acumulados em tamanho e rapidez. Esse novo aspecto de velhos problemas pode ser enfrentado adequadamente por meio do uso apropriado de meios de comunicações e transportes rápidos, computadores e assim por diante. Em meio a tudo isso, os fatos básicos continuam imutáveis. Os problemas básicos do homem e as soluções básicas de Deus permanecem inalterados.

Voltemos, então, nossa atenção para esses problemas e soluções. Devemos começar examinando seriamente o assunto da comunicação familiar, como Paulo o comenta no livro aos Efésios.

CAPÍTULO 3

Comunicação em primeiro lugar

Na segunda metade do livro de Efésios, Paulo comenta vários relacionamentos entre os cristãos. Começando em 5.22, ele se dirige às esposas e de 5.25 em diante, aos maridos. Paulo descreve os relacionamentos e funções fundamentais de cada um deles. No capítulo seguinte, ele fala primeiro aos filhos (v. 1) e depois aos pais (v. 4). Por fim, ele comenta o relacionamento empregatício ou comercial, ao exortar tanto os escravos (v. 5) como os senhores (v. 6). Assim, fica bem claro que nos capítulos 5 e 6 Paulo escreve sobre os relacionamentos básicos que os cristãos, bem como os demais homens, devem manter entre si.[1]

A primeira parte do livro de Efésios (capítulos 1 a 3) diz respeito ao grande e maravilhoso plano divino de redenção. Numa majestosa descrição, sem correspondente no resto das Escrituras, Paulo mostra como Deus planejou, desde a fundação do mundo, e executou, no tempo apropriado, a redenção, por meio da vinda de Jesus, que derramou seu sangue na cruz. A maravilha do amor de Deus, concedido abundantemente aos pecadores, e a glória da igreja dos redimidos em Cristo são expostas com bastante clareza. Mas, ao começar o capítulo 4, Paulo se volta dos assuntos mais doutrinários e doxológicos para exortações práticas que resultam inevitavelmente de suas considerações.

O capítulo 4 começa com uma análise do andar cristão, ou seja, a conduta diária do cristão. Baseado no grande plano divino de redenção, na História, que acabara de descrever, Paulo registra: "Rogo-vos, pois... que andeis

---

[1] Paulo seguiu o mesmo esboço (variando a ênfase) na passagem correspondente (Cl 3.18-4.1). A ordem, em ambas as passagens, é idêntica e está relacionada à ordem das prioridades da vida: relacionamento marido-mulher; depois, relacionamento pai-filho e, por fim, relacionamento patrão-empregado. O cônjuge, os filhos e o emprego sempre devem ser colocados nessa ordem. Qualquer inversão, ou troca, nessas prioridades produz resultados trágicos.

de modo digno da vocação a que fostes chamados" (Ef 4.1). No versículo 17, o tema é repetido, quando Paulo exorta: "Não andeis como também andam os gentios". No capítulo 5, ele fala sobre andar em amor (v. 2), andar como filhos da luz (v. 8) e observar cuidadosamente o nosso andar (v. 15).

O comentário sobre o andar do cristão, nos capítulos 4 e 5, deve ser compreendido não como uma unidade isolada, e sim como parte integral da argumentação sobre os relacionamentos cristãos básicos. Esse andar não é tão individual quanto parece. É o andar de um crente com outros crentes. Quando Paulo fala sobre relacionamentos, ele fala sobre o andar conjunto de marido e mulher, o andar dos filhos com os pais, e vice-versa, e o andar do homem de negócios com seus empregados. Não andamos sozinhos pelos caminhos da justiça. Cristo e nossos irmãos também estão na mesma estrada. O que Paulo tinha em mente era o andar do crente com Cristo e com os outros crentes.

O capítulo 4 deixa esse fato bem claro ao apresentar o tema do andar cristão. Paulo demonstra profunda preocupação com unidade e comunhão, em amor. Expressa essa preocupação nos seguintes termos: "Esforçando-vos diligentemente por preservar a *unidade* do Espírito no vínculo da paz; há um só corpo, um só Espírito, como também fostes chamados numa só esperança... um só

Senhor, uma só fé, um só batismo, um só Deus e Pai de *todos"*. A ênfase recai sobre a unidade – andar juntos em unidade, em nome e por amor de Jesus Cristo. O cristão anda como um membro da igreja, o corpo dos redimidos em Cristo. Esse corpo redimido não está unido de fato; por isso ele enviou os seus ministros para trabalharem no corpo, a fim de produzir a unidade da fé (cf. Ef 4.11-12).

No capítulo 4, Paulo recorda ao leitor sua vida antiga (seu andar). Depois de pintar um quadro tão desencorajador, ele insiste em que, se alguém realmente se tornou um cristão, deve haver mudança em sua vida. Em Cristo, ele se despiu do "velho homem" e se vestiu do "novo homem". Aquilo que aconteceu em Cristo agora deve acontecer no andar diário do cristão. Seja na vida diária o que você é em Cristo.[2] Esse é o contexto, o motivo, o cenário em que Paulo comentará os relacionamentos cristãos básicos. Estes devem provocar unidade e crescimento, não apenas em termos individuais, mas também em termos do Corpo, para que este cresça até atingir a plenitude de Cristo. Assim, como parte do corpo de Cristo, podemos manifestá-lo apropriadamente para sua glória, honra e louvor. Contudo, esse é um aspecto prático (embora, de

---

2   Verificar, especialmente, a importante passagem correspondente de Colossenses 3.8-12, que expressa com maior clareza a exortação de o crente ser o que ele é em Cristo.

maneira alguma não tenha conteúdo doxológico) que se concentra em meios e modos. Como um cristão pode progredir em seus relacionamentos interpessoais? Essa é a pergunta que Paulo se propõe a responder.

Em primeiro lugar, Paulo frisa a necessidade de comunicação cristã vital como a habilidade fundamental para o estabelecimento e a manutenção de relacionamentos sadios. Sem boa comunicação, é impossível haver um relacionamento conjugal sadio. Um relacionamento sadio entre pais e filhos depende de boa comunicação. Patrões e empregados precisam, antes de tudo, aprender a se comunicar para terem bom entrosamento. É por isso a comunicação é o primeiro tema a ser discutido, depois das exortações para restaurar a imagem de Deus no viver cotidiano.

A análise que Paulo faz da comunicação começa no versículo 25. Ele exorta: "Por isso, deixando a mentira, fale cada um a verdade com o seu próximo, porque somos membros uns dos outros". Cristãos não podem caminhar juntos se não andarem com base em honestidade, receptividade e verdade. Como membros do mesmo corpo, que funcionam em conjunto, precisamos da verdade para funcionarmos em harmonia. Esse é o argumento básico de Paulo. Ele aborda, em detalhes, esse assunto da comunicação cristã nos versículos restantes do capítulo 4. Devemos, portanto, voltar nossa atenção a essa passagem de Efésios (4.25-32).

A comunicação é fundamental para um lar centralizado em Cristo, porque é o meio pelo qual os relacionamentos marido-mulher e pais-filhos se estabelecem, crescem e se mantêm. Sem os canais abertos da comunicação sincera e verdadeira, discutidos nesta passagem por Paulo, não pode haver um lar verdadeiramente centralizado em Cristo.

Um missionário e sua esposa voltaram do exterior há alguns anos. Ela entrara em grande depressão. Quando voltou ao seu país, procurou um psiquiatra que conversou separadamente com ela e, depois, com o marido. Contudo, essas consultas não produziram o menor resultado. Alguém lhes falou sobre nosso centro de aconselhamento. Assim, vieram ela e seu marido (insistimos em que viessem juntos). Começamos a conversar, e, durante a conversa, ela se voltou para o marido e disse: "Meu problema é que, quando me casei com você, eu não o amava. Desde aquele tempo, eu nunca o amei e ainda não o amo, mas nunca contei a verdade a ninguém". Aquele missionário e sua esposa estão de volta ao campo e se amam mutuamente. Ela o ama, e ele a ama mais do que antes. Ela tinha um problema, mas ninguém podia ajudá-la, porque ela nunca disse a verdade

Comunicação em primeiro lugar 37

a ninguém. Ela não sabia como enfrentar o problema, e ninguém, nem mesmo seu marido, sabia o que fazer. Uma vez estabelecida a comunicação, o problema pôde ser resolvido. Até então, a sua vida havia sido uma farsa, triste e cheia de hipocrisia. O trabalho missionário sofria, ela sofria, e seu marido sofria. Todo o corpo sofria com a falta de comunicação honesta e franca. Ano após ano, ela curtia o sofrimento. Numa auto-comiseração solitária, ela dizia para si mesma: "Ah! se eu tivesse me casado com outro homem! Não estaria presa a meu marido, e a vida seria muito diferente". Mas essa auto-comiseração provocou, gradualmente, uma espiral descendente que acabou causando um depressão tão forte, que seu marido achou necessário interromper seu trabalho e voltar aos Estados Unidos. O impedimento mental só pôde ser desfeito quando ela, finalmente, contou a verdade. Quando o fez, recebeu ajuda. Seu casamento foi reconstruído com amor bíblico.

Tomás e Juliana estavam sentados, um em cada lado da mesa. Ela dizia, nos termos mais amargos: "Tenho certeza absoluta de que meu marido está me enganando. Desvia todo o dinheiro que ganha fazendo horas extras. Está roubando o dinheiro, e quero saber com o que ele o gasta". Ela guardou o ressentimento por quatro ou cinco meses, desde que descobriu o fato. O resultado foi que ela ficou, a cada dia, mais amargurada. Voltando-se para o marido, o conselheiro indagou: "Tomás, para onde foi o dinheiro? Você realmente o usou?" Vagarosamente ele levou a mão ao bolso, apanhou sua carteira, abriu um compartimento interno e respondeu: "Está todo aqui", enquanto retirava o dinheiro e colocava o maço de notas sobre a mesa. "Eu estava economizando para comprar um presente especial para Juliana, em nosso aniversário de casamento."

Nesse casamento, havia algo de errado na comunicação. Juliana estava prestes a destruí-lo por causa de um simples mal-entendido. Ela deixara de expressar sua preocupação quanto ao dinheiro até à sessão de aconselhamento. E a preocupação surgira, sem dúvida, de fracassos anteriores da mesma época. No passado, a comunicação entre os dois havia sido tão ruim, que não podiam confiar um no outro. Do contrário, o problema nunca teria chegado a tal ponto.

Filipe veio sozinho ao aconselhamento. Ele se recusara a falar com a secretária e havia negado seu pedido de que preenchesse a ficha de informações preliminares. Na primeira metade da sessão, permaneceu em silêncio. Por fim, seu conselheiro lhe disse: "Há pessoas que desejam realmente obter ajuda e gostariam de dispor deste tempo. Devo transferir seu horário de entrevista para

Comunicação em primeiro lugar 39

outra pessoa? Não devemos perder tempo, se o senhor não tenciona levar o assunto a sério diante de Deus. Está pronto a contar sua história?" Em resposta, finalmente ele se abriu e disse: "Já passei por tratamentos de choque, instituições de recuperação mental; já passei por tudo. Fui desencorajado, deprimido e derrotado; quase tudo já foi sugerido como causa do meu problema. Mas há somente uma coisa errada comigo; e eu sei o que é. Eu tenho algo entalado em minha garganta, há 22 anos, que nunca contei a ninguém. Quando me casei, eu o fiz contra a minha vontade. Minha mãe insistiu, e foi somente por isso que me casei com Margarete. Mas, secretamente, eu me arrependo disso desde o dia do casamento". Cada vez que ele entrava no banheiro e via a tampa do creme dental fora do lugar ou o tubo amassado pelo meio, em vez de estar enrolado na extremidade inferior, ele ficava furioso. Explodia de raiva ou ficava profundamente deprimido. Em vez de pensar: "Lá está o creme dental espremido pelo meio" ou: "Lá está o tubo sem a tampa", ele dizia consigo mesmo: *"Aquela mulher* anda fazendo das suas novamente!" Seus ressentimentos para com a esposa e seu casamento emergiram em inúmeras coisas insignificantes. Ele nunca disse nada à sua esposa ou a qualquer outra pessoa.

O conselheiro explicou como era impossível haver

felicidade e harmonia num casamento em que não havia verdade. Depois de passar bastante tempo explicando a Filipe como falar a verdade à sua esposa, mencionando possíveis armadilhas e como evitá-las, o conselheiro mandou-o voltar para casa e conversar com a esposa. "Não volte aqui sem ter conversado com ela", ordenou. A esposa acompanhou o marido na sessão seguinte. Ambos trataram sincera e seriamente do problema e, passadas três semanas, foram dispensados, para continuarem o aconselhamento com seu pastor. Quando partiram, estavam agindo como recém-casados. Uma vez surgida a verdade (passado o choque inicial), e tendo eles começado a fazer o que Deus queria que fizessem em relação ao problema, a situação mudou por completo. O problema de Filipe era que ele vivia uma mentira. Seu casamento se baseava em falsidade. Somente o falar a verdade poderia ajudá-los.

Talvez você seja como Filipe. Pode estar guardando coisas dentro de si mesmo. Você sabe se isso está acontecendo. Sabe que há problemas não resolvidos que estão interrompendo a comunicação entre você e outros membros de sua família. O problema pode ser entre você e seus pais, entre você e sua esposa, entre você e seu marido, ou entre você e seus filhos. Barreiras imensas foram colocadas entre vocês, e, com o passar do tempo, muitas delas deterioram a comunicação. Vocês não fizeram nada a respeito delas; e talvez você tenha suspeitado que nada possa ser feito. Mas, como esperar um casamento feliz quando as mentiras interrompem a comunicação? É impossível. No entanto, seu casamento ainda pode ser feliz. Para isso, deve começar com esta passagem: "Por isso, deixando a mentira, fale cada um a verdade com o seu próximo, pois somos membros uns dos outros".

Por onde você deve começar? Comece admitindo a verdade diante de Deus e das pessoas envolvidas. Depois, veja o que diz o versículo seguinte: "Irai-vos e não pequeis; não se ponha o sol sobre a vossa ira". Esse versículo é uma citação do Salmo 4, um salmo noturno, que tinha o propósito de lembrar à pessoa que, antes do fim do dia, seu coração devia ser inteiramente limpo de toda amargura e ira do dia. Coisa alguma por perdoar, por esclarecer, por descobrir devia ser levada para o dia seguinte. Pelo contrário, problemas de relacionamento interpessoal devem ser resolvidos diariamente, para não crescerem e acabarem degenerando em feridas abertas. A ira não é, em si mesma, pecaminosa; toda emoção procede de Deus e é boa quando expressada biblicamente. "Não se ponha o sol sobre a vossa ira", diz Paulo.

A ira pode ser mal orientada de duas maneiras: explodir ou recalcar. Por um lado, como Provérbios enfatiza continuamente, a ira pode ser transformada em pecado por explosões de temperamento (Pv 25.28; 29.11, 22). Explosões de temperamento. Alguns se surpreenderiam com o número de famílias cristãs que sofrem os efeitos maléficos desse tipo de ira. Em alguns círculos psicológicos, o extravasamento da ira é considerado terapêutico; assim, em sessões de terapia de grupo e outros métodos de tratamento psíquico, o extravasamento da ira e da hostilidade é estimulado. Sugere-se aos aconselhados que eliminem a ira de sua vida. Eles são instados nestes termos: "Faça o que estiver à sua mão, aqui e agora – faça o que tiver vontade de fazer, seja o que for. Somente, expulse essa ira. Se houver algo preso dentro de você, ponha-o para fora aos gritos, grite com quem estiver ao seu lado, à mesa. Desarme essa pessoa, desmonte-a sistematicamente e espalhe os pedaços por toda parte. Soque o travesseiro se ele representa sua mãe; soque-o até as penas voarem pelo quarto!" Em todos os conselhos desse tipo, só parece haver preocupação com os sentimentos do paciente; certamente não se leva em conta os sentimentos da pessoa a respeito da qual a ira é extravasada. A outra pessoa não é levada em conta; a qualquer preço, em última análise, é o aconselhado que tem de sentir-se melhor.

Ora, esse tipo de procedimento e atitude não é cristão. Ouça o que diz Romanos 15.1-2: "Não devemos agradar-nos a nós mesmos; antes, cada um deve agradar ao seu próximo, visando o seu bem-estar" (paráfrase, cf. Ef 4.31-32). Provérbios deixa bem claro o fato de que o homem que dá vazão à sua ira é como uma cidade sem muros. Este é o primeiro extremo a que alguém pode chegar. O extravasamento da ira é claramente anticristão.

O extremo oposto é aquele mencionado em Efésios 4. Nesta passagem, Paulo condena os que guardam ressentimentos (entalados na garganta por 22 anos, dois anos ou dois dias). Diariamente encontramos cristãos que têm esse problema. Não é em vão que ele é apontado como tema fundamental em Efésios, como base para o comentário dos relacionamentos marido-mulher. Tal como extravasar, recalcar a ira é pecado.

Alguns aconselhados, além de deixarem o sol se por sobre a sua ira, deixam passar muitas luas. Suzana e Guilherme vieram receber aconselhamento. Lá estava ela sentada, com os braços cruzados em atitude de desafio; lá estava ele, mexendo-se nervosamente na cadeira, de um lado para o outro. Podíamos ver, antes que um dos dois dissesse qualquer palavra, o que aconteceria. De seu lado da mesa, ela iniciou a conversa com estas palavras: "Estou aqui porque fui mandada pelo meu médico. Ele disse que fisicamente não há nada errado comigo; disse que estou contraindo uma úlcera e que as causas não são físicas". Enquanto isso, seu marido continuava sentado e meio encolhido. Suzana apanhou algo dentro de sua bolsa que mais parecia uma sacola de feira. Apanhou um volume de folhas datilografadas dos dois lados, em espaço um, que tinha pelo menos dois dedos de espessura. Ela o jogou violentamente sobre a mesa do conselheiro e disse: "Eis a razão por que estou contraindo úlcera!" O conselheiro perguntou: "É mesmo?" e deu uma olhada nas folhas. Ele não seria capaz de ler tudo aquilo em um mês, ainda que quisesse. Contudo, lendo rapidamente pequenos trechos e folheando o volume, ele percebeu imediatamente do que se tratava. Aquele volume era um registro de 13 anos de ofensas e atitudes erradas de seu marido para com ela. Estavam todas alistadas e catalogadas. Então, o que você teria dito a ela?

O conselheiro olhou para Suzana e disse: "Faz muito tempo que não encontro uma pessoa tão cheia de ressentimentos como você". Ela ficou um pouco desconcertada, e Guilherme ficou um pouco mais ereto na cadeira. O conselheiro continuou: "Isto não é apenas um registro do que seu marido lhe fez (aliás, as sessões seguintes mostraram que o registro era muito exato); é também um registro de sua reação a isso. É um registro de seu pecado contra ele, contra Deus e contra seu próprio corpo. É um registro que você não pode contestar; você mesma o escreveu aí, preto no branco. Este registro de amargura mostra que sua atitude tem sido contrária ao que ensina 1 Coríntios 13, onde as Escrituras dizem que o amor 'não se ressente do mal'". Somente assim surgiu uma base para lidarmos com os problemas desse casal. Guilherme precisava mudar as coisas erradas que fazia contra sua esposa; mas ela, por sua vez, precisava mudar a maneira errada que desenvolvera para reagir aos erros que ele cometia.

Na maioria dos casos de ruptura conjugal, os conselheiros descobrem que a solução consiste em definir claramente as responsabilidades de cada cônjuge diante de Deus. O marido aponta os erros da mulher, e esta, os do marido. Normalmente, há muito que apontar em ambos os lados. No entanto, apontar os erros do outro dificilmente resolverá algum problema. Para resolvê-los, marido e mulher devem começar examinando a si mesmos. As Escrituras dizem que o indivíduo precisa tirar a trave do seu olho para ver bem e poder remover o argueiro no olho de outra pessoa (Mt 7.3-5). É exatamente neste ponto que todos falham. Atacam-se mutuamente desta maneira:

```
            (P) Problema
Marido (M)──→ ←──(E) Esposa
```

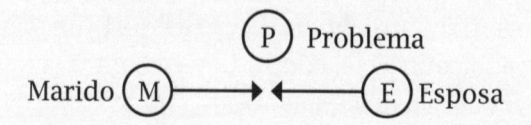

Não há comunicação quando duas pessoas se isolam e se atacam mutuamente dessa maneira. Como iniciar a comunicação? Duas pessoas se comunicam e trabalham juntas na mesma direção:

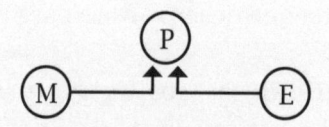

```
        (P)
         ↑↑
(M)──────┘└──────(E)
```

Como mover as flechas da posição anterior para esta posição? Como fazer os ataques se voltarem aos problemas e não às pessoas? Como podem marido e mulher que estão em atrito constante começar a usar suas energias para resolver seus problemas à maneira de Deus, em vez de seguirem o caminho destrutivo de se atacarem mutuamente e fragmentarem um casamento? Essa é a pergunta. A resposta é: por meio do tipo certo de comunicação. Essa é a única resposta. Devem começar a apontar ambas as flechas para a mesma direção. Cada cônjuge pode fazer isso, apontando para si mesmo.

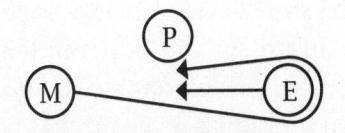

A outra flecha já está apontando em sua direção; assim, tudo que você precisa fazer é alinhar-se com ela. Olhe primeiramente para a sua trave. Pela primeira vez, em um longo período de tempo, ambas as flechas apontarão da mesma direção. É impressionante quanto acordo você pode obter imediatamente com uma pessoa que no passado discordava de você em quase todos os assuntos, quando você admite: "Eu fiz algo errado contra você"! Então, seja específico e peça perdão sinceramente. É neste ponto que a reconciliação freqüentemente precisa começar. Você nunca deve começar tirando a tampa da lata de lixo da outra pessoa, enquanto não limpou a sua própria lata de lixo. É aqui que começa a comunicação.

Você está tendo problemas de comunicação com algum membro de sua família? Talvez um conflito tenha ocorrido nesta semana, talvez hoje mesmo. Teria sido com sua sogra? Com sua nora? De passagem, as maiores dificuldades interpessoais não acontecem entre genros e sogras, embora seja este o relacionamento mais apreciado para piadas e brincadeiras. Quase todos os conselheiros afirmarão que a maioria dos problemas surge entre a sogra e a nora. Esse relacionamento pode se tornar tão cheio de amargura e ser tão horrivelmente desastroso que ninguém ousa fazer piadas a respeito.

Talvez seu problema seja com seus pais; talvez seja entre você e seu filho. Seria seu marido, sua mulher, um amigo, um membro da igreja ou um vizinho a pessoa com quem você tem um mau relacionamento?

Ouça bem! Você precisa começar a se comunicar com essa pessoa. Se você é incapaz de lhe falar sobre algum outro assunto, sempre há um assunto a ser tratado: os erros que você cometeu contra ela. Se não puder descobrir qualquer erro (eu decididamente não quero que você invente erros artificiais), deixe-me sugerir um que talvez exista. É simplesmente aquele que temos comentado. Se você vem adiando a conversa com outra pessoa para buscar reconciliação, tem agido erradamente em relação a ela.

Poucas coisas têm minado, com maior intensidade, a força da igreja de Jesus Cristo como o estado de não-reconciliação existente entre muitos crentes. Muitos nos trazem casos profundamente entranhados, barreiras profundas e altas colocadas à força entre eles e outros cristãos. Não podem andar juntos porque não concordam. Quando deveriam estar marchando lado a lado neste mundo e levando homens cativos a Cristo, agem como um exército desbaratado, cujos soldados, confusos, começam a lutar entre si. Nada está roubando da igreja de Jesus Cristo a sua força com tanta intensidade como esses problemas não resolvidos, essas arestas que nunca foram aparadas. Não há desculpa para essa triste condição, porque a Bíblia não faz concessões a essas arestas. Deus não quer que arestas fiquem por aparar. Vamos agora examinar os meios que ele proveu para resolvermos definitivamente essas dificuldades.

Em Mateus 5.23-24, Jesus diz que, se você estiver fazendo sua oferta no altar e lembrar que cometeu algo errado contra outra pessoa, deixe de lado a oferta e vá "primeiro" reconciliar-se com seu irmão (a reconciliação precede a adoração). Depois, volte e termine de fazer sua oferta. Esta é a medida da importância de resolver problemas imediatamente. Você deve fazer isso sem demora; não adie! Não deixe que "o sol se ponha" sobre a sua ira (Ef 4.26).

Maridos e mulheres reclamam freqüentemente de estarem enfrentando problemas com sexo, mas, em geral, o problema não é sexual. Os conselheiros não acham muitas dificuldades relacionadas exclusivamente ao sexo. As dificuldades encontradas no leito, à noite, se devem ao fato de que todos os problemas do dia foram levados para o leito, problemas que deveriam ter sido resolvidos antes da hora de dormir. É disso que surgem as dificuldades: os problemas se intrometem no relacionamento sexual. Maridos e mulheres devem aprender, literalmente, a não deixar o sol se pôr sobre a sua ira.

Em Mateus 18.15-17, Jesus também fala sobre o outro lado da moeda. Se alguém tiver feito algo de errado contra você, você deve procurá-lo. Deve procurar ganhar seu irmão e restabelecer seu relacionamento para poderem andar e conversar juntos, como cristãos. Veja bem, Jesus não permite que persista a atitude de desprezo e conflito entre os crentes. Em Mateus 5, se outra pessoa pensa que você a magoou, Jesus diz que você deve ir procurá-la. Em Mateus 18, Ele diz que, se a outra pessoa fez algo errado contra você, você deve procurá-la. Jamais haverá uma hora em que você pode sentar-se e esperar que seu irmão venha procurá-lo. Jesus não permite isso. Ele não oferece oportunidade para tanto. Você sempre terá a obrigação de procurar o outro. Na situação ideal (tal como Jesus a imaginou), se dois crentes se desentenderem por algum motivo e saírem cheios de raiva, quando acalmarem, devem se encontrar no meio do caminho e buscar, ambos, a reconciliação. É assim que deve ser!

Todos os dias, em todas as semanas, os cristãos devem resolver os problemas interpessoais de modo que estes não se acumulem. Certamente, isso se torna ainda mais necessário no lar cristão, onde existem os mais íntimos relacionamentos humanos e igualmente, como pecadores, nos detratamos todos os dias. Como automóveis mal dirigidos, colidimos e amassamos os pára-lamas, quebramos os faróis e destruímos os pára-choques uns dos outros. Como é importante compreender e praticar a dinâmica da reconciliação cristã no lar! Os problemas devem ser resolvidos: não ousemos ignorá-los – nem mesmo simples pára-choques arranhados.

Certa vez, Jesus disse sobre o futuro: "Basta ao dia o seu próprio mal" (Mt 6.34). Você não deve se preocupar com o amanhã. Os ombros humanos só agüentam o peso de um dia por vez. E, se isso é verdade quanto ao futuro, também é verdade quanto ao passado. É impossível viver arrastando toda uma existência de problemas não resolvidos e esperar ser bem-sucedido na vida familiar. Você não conseguirá andar em linha reta. Não servirá com eficiência. Não fará a obra do Senhor com eficácia, se estiver carregando tal fardo. Basta a cada dia o seu mal. A cada dia, tome a sua cruz, diz o Senhor Jesus. Isso significa: crucifique diariamente seu próprio eu. As Escrituras dão prioridade máxima a vivermos com Deus em base diária e faz da reconciliação diária com nossos irmãos um assunto impreterível.

Não deixe o barco correr. Se existe alguém com quem você tem algum problema ou que tem algum problema com você, antes que este dia termine, resolva o problema diante de Deus. Escreva uma carta, dê um telefonema ou, se possível, faça uma visita. Em sua própria família, sentem-se e resolvam o caso antes do anoitecer.

Quando o relacionamento for restaurado, vocês confessarem os pecados um ao outro (bem como a Deus), e cada um pedir perdão ao outro, nem tudo estará terminado; na verdade, apenas começou. Vocês apenas limparam a sujeira do passado. Agora que as coisas estão finalmente em dia, não deixem que os problemas voltem a acumular-se. Isso significa que é necessário formar um novo padrão de relacionamento entre ambos. Paulo continua: "Não saia da vossa boca nenhuma palavra torpe, e sim unicamente a que for boa para a edificação, conforme a necessidade, e, assim, transmita graça aos que ouvem" (Ef 4.29). Este versículo nos mostra como deve ser a comunicação daqui em diante. É o padrão para formarmos o novo relacionamento.

O que Paulo estava querendo dizer? Ele não estava se referindo a linguagem obscena quando mencionou "palavra torpe". É claro que sua declaração inclui isso, mas tem um sentido mais amplo. O termo se refere a qualquer palavra que destrói a outrem. Os cristãos nunca devem usar as palavras – o maior dom de Deus para a comunicação – para destruir uns aos outros. É isso que Paulo condena: injuriar sistematicamente os outros e destruí-los por meio de palavras.

Jovens, maridos e mulheres usam as palavras para cumprir esses propósitos. Às vezes, ficam viciados nesse mau uso da linguagem. Recentemente, um casal tentou usar uma sessão de aconselhamento para extravasar seu mau humor recíproco. De sua boca, não saía nem uma só palavra que não fosse um comentário grosseiro e sarcástico sobre o outro. Seu conselheiro teve de dizer-lhes: "Essa é, sem dúvida, uma das razões por que vocês estão aqui. Vocês podem fazer isso em casa, mas não permitirei que o façam aqui. Se continuarem, encerrarei a sessão". Os conselheiros não devem permitir essa violação da vontade de Deus. As Escrituras dizem que a mesma fonte não pode produzir, ao mesmo tempo, água doce e amarga. Os cristãos não devem ter em seus lábios o nome do Senhor Jesus Cristo e, ao mesmo tempo, usar o seu dom da palavra para serem grosseiros com outras pessoas.

Na passagem de Efésios, Paulo descreve um uso melhor para as palavras. Em vez de desperdiçar energias com palavras que destroem outras pessoas, as nossas palavras devem edificá-las. Quando são dirigidas para *o problema*, em vez de serem dirigidas contra a *pessoa*, as palavras edificarão, ajudando-a a resolver seu problema. Em vez de atacar as pessoas com palavras, o cristão deve dirigir toda a sua energia, inclusive suas palavras, para o problema, enfrentando-o com a solução ensinada por Deus.

Considere novamente o pensamento de Paulo: nenhuma palavra torpe é permitida. Pelo contrário, o falar do cristão envolve palavras que "edificam" a outra pessoa, palavras que sejam "conforme a necessidade", isto é, o problema surgido. Isso significa que nossas palavras devem ser dirigidas (ou concernentes) ao problema que surgiu. Com palavras, ataque os problemas, e não as pessoas.

Marido e mulher vieram aconselhar-se trazendo esse problema de comunicação. O linguajar de Janete e Cristóvão era tão grosseiro que, se as suas atitudes não fossem mudadas, seus problemas nunca seriam resolvidos. Como vocês sabem, há normalmente pelo menos dois problemas envolvidos em qualquer conflito humano. Há o assunto sobre o qual as partes discordam e o problema das *atitudes* de um para com o outro.

Quando Cristóvão telefonou pela primeira vez, solicitando uma entrevista, disse: "Tenho um problema;

é muito delicado". Explicou o caso que tinha surgido entre ele e sua esposa. Realmente, envolvia um assunto difícil – muito difícil de resolver. Ele continuou: "Falei com meu pastor e ele concorda comigo. Janete falou com nosso médico (que é crente), e ele concorda com ela. Assim, não chegamos a lugar algum por falarmos com eles. O pastor sugeriu que eu lhe telefonasse, mas sei que o senhor também vai tomar partido, de um lado ou de outro. Por isso, nem adianta eu ir vê-lo". O conselheiro replicou: "Bem, imagino que não adiante mesmo, se você já tem uma idéia pré-concebida a meu respeito; mas, se estiverem dispostos a vir até aqui e me deixarem ouvir seus problemas, desejo que saibam que não pretendo tomar partido ao lado de nenhum dos dois, mas de Deus". Ao que Cristóvão ponderou: "Bom, assim é diferente".

Cristóvão e Janete vieram. Sentaram-se. Durante os primeiros minutos, ela rebateu violentamente tudo que ele disse. Ele, por sua vez, fez o mesmo com o que ela disse. O conselheiro pôs rapidamente um ponto final em tudo aquilo, dizendo: "Olhem, vocês estão enfrentando problemas por causa deste assunto, mas o assunto em si não é o maior problema de vocês. Nunca resolverão este caso, ou qualquer outro, se não resolverem primeiro o problema básico das atitudes de um para com o outro. Embora ambos professem ser cristãos, as atitudes atuais de vocês são absolutamente anticristãs. Seu pastor pode ter decidido o caso a favor de um, e seu médico, a favor de outro, mas eu não vou fazer nada disso. Vocês mesmos chegarão à decisão e, enquanto isso, aprenderão *como* falar um com o outro. Quero que saibam que, normalmente, não trabalhamos com ninguém por mais de doze semanas. A maioria encerra suas sessões depois de oito semanas. Espero que vocês resolvam seus problemas dentro desse prazo. Começaremos primeiro com suas atitudes". "Assim é diferente!", disse Cristóvão à sua própria maneira.

Naquela ocasião, Cristóvão e Janete não estavam vivendo juntos. Ele a abandonara. "Em primeiro lugar", explicou o conselheiro, "vocês terão de voltar a viver juntos. Não podemos unir duas pessoas mantendo-as separadas. O texto de 1 Coríntios 7 diz que vocês devem se reconciliar. Para começar, aqui estão as coisas que devem fazer nesta semana". Eles concordaram e puseram mãos à obra. Procuraram e receberam o perdão de Deus e um do outro. Começaram realmente a enfrentar o problema de comunicação. O tal "problema" foi arquivado por algum tempo. Quando outros assuntos foram esclarecidos, as atitudes deles foram corrigidas e seu casamento voltou a tomar forma, então ficaram libertos para tratar do problema. Enfrentaram o caso juntos.

Nas semanas anteriores, eles descobriram como usar as palavras para resolver problemas à maneira de Deus. Esforçaram-se verdadeiramente para resolver a parte crítica do caso e, na décima primeira consulta, anunciaram: "Resolvemos o nosso problema!" E, de fato, haviam-no resolvido! A razão pela qual não o tinham resolvido antes era não saberem se comunicar como os cristãos devem fazê-lo. Estavam usando as palavras para prejudicar um ao outro; estavam desperdiçando sua energia em destruir um ao outro. Quando, arrependidos, começaram a atacar os problemas, em vez de atacarem-se mutuamente, descobriram a alegria de procurar soluções bíblicas para os problemas. Então, a história passou a ser outra. Quando a comunicação foi corrigida, tornou-se possível a resolução do problema.

Os cristãos podem aprender a viver sem amargura, ira, raiva, gritaria, maledicência e malícia. Devem esforçar-se por manter uma atitude de boa vontade uns para com os outros. No solo fértil dessas atitudes, as soluções para os problemas da vida crescem e se desenvolvem plenamente. Essas atitudes só podem ser mantidas se formos "uns para com os outros benignos, compassivos", perdoando-nos uns aos outros, como também Deus, em Cristo, nos perdoou. Que Salvador maravilhoso nós temos! Ele não morreu por pessoas formidáveis, morreu por pessoas ímpias, pelos seus inimigos. Ele sofreu pelos transgressores da lei. Ele nos amou, diz Paulo, embora fôssemos tão indignos de seu amor. Como Ele nos amou, Paulo insiste, devemos amar uns aos outros.

O amor não é sentimento. A princípio, o amor pode ser expresso como um ato de dar. Esse é o cerne do amor. Se alguém dá, a isso se seguirá o sentimento do amor. Para amar, devemos dar de nós mesmos, de nosso tempo, de nossa essência, de tudo que for necessário para mostrar amor, pois dar é o fundamento do conceito bíblico de amor. Ouça isto: "Deus amou o mundo de tal maneira que *deu* o seu Filho unigênito" (Jo 3.16), "que me amou e a si mesmo se entregou por mim" (Gl 2.20); "Se o teu inimigo tiver fome, *dá*-lhe de comer; se tiver sede, *dá*-lhe de beber" (Rm 12.20). O amor sempre começa com o ato de *dar*. E esse espírito de dar traz um novo ambiente a qualquer lar – um ambiente que gera um clima em que a comunicação pode crescer e se desenvolver. Pense em tudo isso. Talvez você tenha de tomar uma atitude. Talvez precise confessar seu pecado a Deus e, depois, a outra pessoa com quem é necessário restabelecer a comunicação que leva a um novo relacionamento em Cristo.

CAPÍTULO 4

Princípios bíblicos básicos sobre a família

Os alicerces estão tremendo. Não há dúvida de que os valores e as práticas de nossa sociedade estão sendo atacados por todos os lados. Princípios básicos, bem como os velhos costumes, estão sendo desafiados. Hábitos antigos, tanto bons quanto maus, estão sendo rejeitados pelos jovens. Alguns hábitos antigos devem mesmo ser rejeitados. Sejamos bem claros quanto a isso. Para começar, muitos dos antigos hábitos nem são bíblicos. Por outro lado, ouvimos falar de jovens que vão muito além disso; alguns estão escavando as próprias raízes para destruir a base da sociedade. Por exemplo, já se pergunta sobre a validade de casamentos experimentais, com duração de dois ou três anos. E alguns pensam que, como as apólices de seguros, os casamentos deveriam ser realizados em bases anuais e renováveis. Quando sugestões desse tipo são feitas com toda a seriedade, é tempo de os cristãos reafirmarem os princípios bíblicos básicos sobre o casamento.

A instituição do casamento não é algo fortuito. O estudo do casamento, da família e da vida no lar é o estudo da instituição mais fundamental e básica da sociedade. A igreja (em seu sentido formal) ainda não havia sido criada quando Deus instituiu a família. O Estado, como instituição formal, ainda não existia quando a família foi formada. A família é o alicerce; foi criada primeiro, por ser básica. E, visto que a família é a primeira a surgir nas Escrituras, devemos envidar todos os esforços para preservá-la. As armas estão apontadas diretamente contra a existência da família e corremos sério perigo se não a defendermos do ataque. Para realizar essa defesa, é imperativo que os cristãos voltem a compreender e a reafirmar os princípios básicos que a Bíblia contém sobre a família.

O princípio básico a ser reafirmado primeiro é este: *Deus ordenou o casamento*. O casamento não é uma opção. É um erro crasso imaginar que certa noite, numa caverna, à volta de uma fogueira, um grupo de pessoas, até então promíscuas, decidiu que o casamento poderia ser uma boa idéia. O casamento não é um contrato social produzido pelo homem e que provou ser útil à sociedade por algum tempo. Se assim fosse, deveríamos começar imediatamente a preparar melhores opções para o futuro. "O casamento foi bom para a sua época", dizem, "mas já está superado para nós. Precisamos de mais liberdade. Agora, quando temos a pílula e o aborto legalizado em muitos países, a maior parte da utilidade do casamento desapareceu". Não, o casamento não é assim. Muitas coisas na vida seguem esse critério – são boas idéias por algum tempo, mas devem ser abandonadas quando surge algo melhor. Mas o casamento é diferente. Ele é fundamental para a sociedade, porque Deus estabeleceu o casamento para sempre, e não apenas para um breve período da história mundial.

A primeira cerimônia de casamento foi realizada no Jardim do Éden, e foi oficiado por Deus mesmo. É instrutivo observar a palavra que Deus usa para descrever o casamento. É o vocábulo *aliança*. No livro de Provérbios, Deus adverte contra a adúltera que lisonjeia com palavras, que "deixa o amigo da sua mocidade e se esquece da aliança do seu Deus" (Pv 2.17). Ao deixar o marido com quem se casou, quando jovem, ela é acusada por Deus de esquecer (e quebrar) sua aliança. O casamento, portanto, é nada menos que uma aliança ordenada por Deus. Nas Escrituras, uma aliança é um pacto solene que envolve um soberano e um vassalo. A aliança é imposta a este por aquele e acarreta bênçãos, quando cumprida, e maldição, quando quebrada. Quando alguém entra numa aliança, assume o mais solene e inescapável compromisso.

Malaquias, também se refere ao casamento como uma aliança. Deus havia rejeitado as ofertas de seu povo. Os israelitas perguntaram por quê. Ele respondeu: "E perguntais: Por quê? Porque o SENHOR foi testemunha da aliança entre ti e a mulher da tua mocidade, com a qual tu foste desleal, sendo ela a tua companheira e a mulher da tua aliança" (Ml 2.14). Deus argumenta dizendo que a mulher é companheira e esposa *por meio de uma aliança*. O casamento é uma aliança feita na presença de Deus. Deus ordenou o casamento, não é uma opção. Não podemos tratar o casamento ao nosso próprio gosto: quando, onde, como e se quisermos. Esse é o primeiro, o mais crucial e mais básico dos fatores que envolvem o casamento.

Em segundo, por ter origem em Deus, *o casamento é bom*. O casamento foi instituído antes da Queda. Pela maneira como certas pessoas falam do casamento, menosprezam-no e contam piadas a seu respeito,

Princípios bíblicos básicos sobre a família

poderíamos até pensar que o casamento foi instituído por Satanás. Talvez seja difícil alguns acreditarem que o casamento é bom. Para alguns, o casamento é pecaminoso e inferior, é o menor dos males devido à relação sexual entre os cônjuges. O casamento foi ordenado por Deus; e o sexo é bom. Foi dado como uma bênção, para dar alegria e prazer ao homem. Numa conferência bíblica, uma senhora me perguntou: "O senhor não acha que o ato sexual é repugnante?" A resposta é não! As relações sexuais são puras, santas e justas, a menos que sejam pervertidas pelo pecado. O casamento é bom porque vem de Deus. O leito conjugal deve ser mantido "sem mácula", diz o escritor da Epístola aos Hebreus (Hb 13.4). Em Efésios, Paulo traçou uma correspondência entre o relacionamento conjugal e a aliança santa que existe entre Jesus Cristo e sua igreja (Ef 5.22-33). É a isso que o casamento deve e pode assemelhar-se. No livro de Apocalipse, Jesus comparou seu relacionamento com o seu povo ao do noivo com a noiva (ver Ap 19.7-9; 21.2). Portanto, Deus considera o casamento santo e justo.

Se não é impuro, o casamento é um estado inferior ou secundário? O celibato é preferível ao matrimônio? Há aqueles que entendem de modo errado as palavras de Paulo em 1 Coríntios 7.26. Nesta passagem, Paulo indicou certas vantagens do celibato e certas desvantagens do casamento. Todavia, a razão por que Paulo comentou o tema do celibato em contraste com o casamento não foi apenas fazer generalizações básicas, e sim tratar de uma situação específica e especial. Paulo previa que uma terrível perseguição desabaria sobre a igreja. O que ele afirmou, na verdade, foi: "Tudo o que estou dizendo, entendam, se refere ao casamento à luz da presente situação mundial". Veja quais foram as palavras dele: "Considero, por causa da angustiosa situação presente, ser bom para o homem permanecer assim como está". Paulo não estava dizendo que o celibato é melhor do que o casamento. Ele recomenda o celibato em tempos de perseguição. A perseguição era iminente:

> Isto, porém, vos digo, irmãos: o tempo se abrevia; o que resta é que não só os casados sejam como se não o fossem; mas também os que choram, como se não chorassem; e os que se alegram como se não se alegrassem; e os que compram como se nada possuíssem; e os que se utilizam do mundo, como se dele não usassem (1 Co 7.29-31a).

Paulo falou do celibato como medida de emergência. Obviamente, seria mais fácil a indivíduos do que a famílias

Princípios bíblicos básicos sobre a família

suportarem a perseguição. Não permita, pois, que ninguém lhe afirme que o celibato é recomendado nas Escrituras como um estado mais elevado do que o casamento. Em 1 Coríntios 7, Paulo tratou de uma situação excepcional; não estabeleceu o celibato como norma.

O estado normal é o do casamento, e não o do celibato. Um homem e uma mulher foram postos no Jardim – não pessoas solteiras. O celibato é uma exceção e requer um dom específico. Na verdade, Deus afirmou claramente que "não é bom que o homem esteja só" (Gn 2.18). E insiste, como norma, em que o homem deixe seu pai e sua mãe e se una "à sua mulher" (Gn 2.24). Deus ordenou o casamento tendo em vista seus próprios propósitos. Estes são apresentados nas Escrituras. É impossível enumerar todos eles aqui; são muitos e bastante variados. Mas alguns dos mais básicos devem ser considerados.

Em Gênesis 2, aparecem estas palavras interessantes: "Disse mais o Senhor Deus: Não é bom que o homem esteja só; far-lhe-ei uma auxiliadora que lhe seja idônea" (v. 18). Em seguida, Deus tomou uma costela de Adão, e da costela formou a mulher. Deus fez a mulher como uma "auxiliadora". Por quê? Porque não é bom que o homem esteja só. Se o estado matrimonial fosse inferior, Deus jamais teria proferido essas palavras. A condição básica, normal e mais natural é a do casamento. Há os que viverão toda a vida fora dos laços conjugais. Há pessoas a quem Deus concedeu o dom do celibato. É sobre isso que Paulo fala em 1 Coríntios 7. Mas Deus criou a mulher para Adão, porque havia afirmado que o celibato não era bom. Portanto, é melhor o homem ser casado. Uma simples olhada na maioria dos quartos de solteiros mostra (em certa dimensão) por que isso é verdade. Contudo, não é bom para ele em qualquer sentido. Como regra geral, o homem precisa da mulher.

Bem, o que é uma mulher? Por que, especificamente, ela foi criada? Por que Deus não criou apenas o homem? E o que ela deve fazer? Ela deve ser, basicamente, uma auxiliadora (cf. v. 18). A mulher foi criada como ajudadora do homem. E o que significa isso? Que ela deve ser uma ajudadora apropriada ou adaptável ao homem. Ela corresponde ao homem ou o complementa em todos os pontos. Ela completa o homem. A palavra "idônea" tem várias traduções possíveis.

Deus criou a mulher porque o homem precisava da ajuda dela. Este é um princípio bíblico básico. Ela foi criada como auxiliadora idônea para permanecer ao lado dele, na vida, e ajudá-lo de todo modo. Esse é outro princípio básico. A mulher como auxiliadora é um conceito-chave que se perdeu nos casamentos modernos. É uma chave que desapareceu do pensamento contemporâneo. A mulher não se considera mais uma auxiliadora. Pelo contrário, muitas mulheres pensam que elas é que devem ser ajudadas. Ou a mulher moderna pensa que ocupa exatamente o mesmo lugar do marido. Ela pode ter muitas idéias sobre a sua função, mas entre elas não inclui, provavelmente, a noção de ser, ela mesma, uma auxiliadora. Apesar disso, essa é a palavra exata e definitiva que Deus usa para descrever o papel da mulher.

Ao prosseguirmos, veremos que é precisamente por considerar-se uma auxiliadora que a mulher se liberta. Movimentos feministas que não reconhecem esta verdade acabam por sujeitar, tolamente, a mulher a uma vida de servidão. Ela encontrará liberdade em compreender sua função correta diante de Deus e de seu marido e em viver de acordo com essa função. Não há outra maneira de uma mulher ser verdadeiramente liberta. Mas, por enquanto, este pensamento deve ser gravado indelevelmente em seu cérebro: a mulher foi criada para auxiliar a seu marido.

Como auxiliadora, ela complementa o homem, se adapta a ele; é apropriada para o homem e o completa. O homem e sua mulher se tornarão uma só carne (Gn 2.24). Juntos, formam uma unidade completa. Ao se unirem física, intelectual e emocionalmente, surge uma inteireza, uma unidade que não havia antes. Eles se fundem em um único ser. Parta ao meio uma laranja, de modo irregular. Cada metade corresponde imediatamente à outra. Quando unidas, adaptam-se perfeitamente. Uma metade corresponde exatamente à outra e, quando se adaptam mutuamente, formam um todo. Essa é a figura que transparece nestes versículos. Deus criou uma auxiliadora que se adaptava exatamente ao homem que Ele criara, para que, ao unirem-se, os dois completariam um ao outro e formariam um todo.

O homem precisava da mulher para ser completo. Por isso, não era bom que ficasse só. E, embora isso não tivesse sido declarado, a mulher também precisa do homem para ser completa. Quando Deus dá o dom do celibato, oferece graça suficiente para permitir à pessoa viver de maneira incompleta. A complementação dessa pessoa tem de ser encontrada em Deus. No entanto, essa não é a maneira usual de Deus fazer as coisas.

Como são diferentes os ponto de vista do homem e da mulher sobre qualquer assunto. Quão valioso é ter à mão tanto a opinião masculina como a feminina. Quando cada um dos dois se defronta com a mesma situação, enfrenta-a de modo diferente do outro. Tomemos como exemplo o assunto "cuidado, disciplina e treinamento dos filhos". A mulher o enfrenta de acordo com seu ponto de vista. Ela representa a proteção amorosa e feroz que a ursa dispensa a seus filhotes. Provavelmente, mostrará suas garras se alguém ameaçar seu pequenino. Por outro lado, o pai talvez esteja mais interessado em empurrar o filho em direção à sociedade, para ajudá-lo a ganhar maturidade. Sabe que o filho terá que agüentar alguns "galos" e contusões. É bom para o filho experimentar os dois lados da moeda. O equilíbrio é importante para chegarmos à ênfase e ao sincronismo exatos.

    Na realidade, este assunto não pode ser comentado totalmente aqui, embora seja importante incluir pelo menos algumas observações. A igreja de Jesus Cristo tem falhado lamentavelmente em ajudar os viúvos e as viúvas. Quando a mulher precisa criar seus filhos sozinha, sem a influência masculina, a vida se torna difícil para a criança, especialmente para o menino. Pode acontecer que, por diversas razões, a mãe não possa casar-se novamente. Assim, uma criança de origem evangélica pode crescer na igreja sem um pai. A igreja deve intervir e prover ação paternal para essa criança, sobretudo para o menino. Ele precisa experimentar algo do lado paternal do casamento. Precisa dos homens daquela congregação. Precisa de famílias que o convidem a seus lares, para ver como funciona uma família, para ver o dar e o receber entre o marido e sua mulher. Precisa de que os homens da igreja o levem a passear, a uma pescaria, a um jogo de futebol ou vão acampar com ele. Você pode lembrar um menino nessas condições, que talvez esteja precisando de você?

Agora, perguntemos novamente: como é que uma esposa auxilia seu marido? Ela o auxilia sendo companheira dele, completando-o. Não é bom ela estar *só*. E quem acha uma esposa acha o bem. É bom ter alguém com quem conversar. A camaradagem, segundo Provérbios 2.17 e Malaquias 2.14, é um dos propósitos básicos do casamento. Em ambas as passagens, o cônjuge é chamado de *companheiro(a)*. Todos nós precisamos de intimidade; o casamento satisfaz essa necessidade. É bom ter alguém com quem podemos trocar idéias, pensar na resolução de problemas, debater assuntos e oferecer perspectivas diferentes. É assim que a mulher auxilia seu marido. Todos precisamos de alguém com quem possamos abrir, de modo íntimo, o nosso coração.

A esposa também auxilia como complementação biológica do marido. Nas Escrituras, o sexo é santo, normal, correto, apropriado e bom. Em 1 Coríntios 7.1-2, Paulo enfatiza que, se uma pessoa não possui o dom de celibato, dado por Deus, deve casar-se. Não há nada errado no sexo; e, na verdade, o casamento é a estrutura apropriada para a sua expressão. O sexo, segundo as Escrituras, não é, em si mesmo, impuro, exceto quando usado erroneamente. Não deve, jamais, ser usado fora do vínculo da aliança. Deve ser usado livremente

Princípios bíblicos básicos sobre a família

dentro dessa estrutura, pois Deus assim o ordenou. Deus encoraja fortemente as relações sexuais.

Na verdade, Paulo afirma nessa passagem que nenhum dos dois cônjuges tem direito sobre seu próprio corpo. Isso proíbe a masturbação (provocar o próprio prazer) e o negar egoisticamente a relação sexual ao outro cônjuge. O sexo não foi criado para ser centralizado no "eu", e sim para ser centralizado no outro cônjuge. Toda manifestação sexual voltada para a auto-satisfação é uma manifestação pervertida do sexo. O sexo deve ser aproveitado, mas somente de acordo com o princípio bíblico de que "mais bem-aventurado é dar do que receber".

Sem dúvida, o aspecto mais agradável da relação sexual não é a sensação de libertação pessoal experimentada no próprio orgasmo, e sim o prazer de satisfazer o cônjuge. *Exige-se* do esposo e da esposa que satisfaçam um ao outro. Ele não pode negar seu corpo para vingar-se de sua esposa. Ela não pode usar o sexo como um meio de conseguir coisas de seu marido. As relações sexuais envolvem a entrega livre e total do "eu", em amor, para satisfazer as necessidades do outro cônjuge. As Escrituras não são puritanas quando tratam do sexo, mas muitos cristãos adotaram essa atitude, como se soubessem mais do que Deus! As Escrituras são muito claras quanto às obrigações sexuais do casamento.

Há outros aspectos do casamento. Outro propósito do casamento é a geração de filhos. É maravilhoso ter a aljava cheia de filhos (cf. Sl 127). É Deus quem dá os filhos. Eles são "herança do SENHOR". Gênesis 1.28 diz: "E Deus os abençoou e lhes disse..." Como foi que Deus os abençoou? Ele os abençoou com estas palavras: "Sede fecundos, multiplicai-vos". Estas são palavras de bênção, proferidas por Deus. Com elas, ele abençoou Adão e Eva. Deus estava afirmando o seguinte: "Eu lhes dou minha bênção para gerarem filhos; encham a terra e dominem-na".

E o casamento vai além disso. Alguns princípios básicos incluem fatores muito importantes, que são freqüentemente negligenciados. Por causa disso, tem havido dor e sofrimento indescritíveis. Por exemplo, a parte final de Gênesis 2.24, que diz: "Tornando-se os dois uma só carne", vem sendo estudada isoladamente. Leia também a primeira parte do versículo: "Por isso, deixa o homem pai e mãe e se une à sua mulher, tornando-se os dois uma só carne". Nada é mais importante no casamento do que reconhecer a natureza crucial do processo de deixar e unir-se. Deus afirma que o homem deve *deixar* seu pai e sua mãe; e deve *unir-se* à sua mulher.

O que estas palavras nos ensinam? Elas falam sobre romper algo meramente temporário para formar e constituir algo que será permanente. O casamento é a unidade mais básica da sociedade humana. Talvez não digamos nada mais importante do que esta frase em todo este livro. A relação familiar mais básica não é a relação pai-filho, e sim a relação marido-mulher. Deus determinou assim. No versículo que acabamos de ler, Deus afirma que o homem deve *deixar* seu pai e sua mãe. Esse relacionamento deve ser cortado de modo real (não total, mas efetivo), para que não exista mais o relacionamento que existia enquanto ele vivia no lar paterno. Quando se casa, o homem não pode mais manter para com seus pais o mesmo relacionamento que tinha antes. Este relacionamento deve mudar. O homem deve tornar-se o chefe de uma célula criada para a tomada de decisões, que chamamos de família. Ele não pode dar prosseguimento a muitos dos antigos laços que o uniam a seus pais.

O homem tem de deixar seu pai e sua mãe e unir-se à sua mulher. "O que Deus ajuntou não o separe o homem." Ao contrário da relação pai-filho, a relação marido-mulher é permanente. De acordo com as Escrituras, ela nunca deve ser interrompida. Embora a relação pai-filho seja íntima, nunca é descrita em termos de "uma só carne", ou de "unir-se", ou de "perfeita correspondência", ou "não o separe o homem". Marido e mulher devem unir-se e continuar a viver em unidade de espírito, alma e corpo, pelo resto de sua vida. Nada, a não ser a morte, deve interromper essa unidade. Ela deve ser permanente.

A sociedade moderna não conseguiu descobrir essa importante distinção. Em nossa sociedade, a relação pai-filho se tornou a mais significativa, em detrimento dos filhos e dos pais. No entanto, Deus colocou o marido e a mulher no Jardim do Éden, e não um pai e um filho. Os pais de hoje vivem para os filhos. Eles são instados a que dediquem o melhor de seu tempo, de suas energias, de seus recursos e de sua imaginação a seus filhos. Muitos males resultam das tentativas de tornar básica a relação pai-filho. A família não pode escapar ao sofrimento subseqüente, porque essas tentativas estão em completa oposição à Palavra de Deus. Essa inversão de valores nos dois relacionamentos pode ferir e prejudicar de várias maneiras.

Pais que construíram sua vida em torno dos filhos aparecem freqüentemente em nosso centro de aconselhamento quando o último filho está prestes a sair de casa. Por terem vivido para seus filhos durante tantos anos, sua conversa, seus interesses, suas atividades, na verdade, toda a estrutura de sua vida foi construída em torno dos filhos. Assim, quando estes saem de casa, os pais acordam de repente para o fato de que tudo que lhes resta é um ao outro! Terão de passar juntos o resto de seus dias e ficam apavorados diante dessa perspectiva. O que restou foram dois estranhos que pouco ou nada tinham em comum, a não ser os filhos. Durante todos aqueles anos, não conseguiram construir um casamento. O que mantinha seu relacionamento eram os filhos; foram pais que construíram numa única direção. As únicas coisas significativas de seu casamento eram as que diziam respeito aos filhos. Era nisso que centralizavam suas conversas e atividades.

A coisa mais prejudicial que os pais podem fazer aos filhos é construir seu casamento em torno deles. Um desses quadros de parede diz: "A melhor maneira de ser um bom pai para seus filhos é ser um bom marido para a mãe deles". Perfeitamente certo! O que os filhos precisam ver não é um casal indulgente que esbanja todo o seu amor e cuidado com eles. Ainda que vise ao bem-estar dos filhos, é errado os pais passarem a maior parte de seu tempo e canalizarem a maioria de seus interesses para os filhos. O que os filhos mais precisam ver são pais que sabem viver como *pais* e, muito mais, como *marido* e *mulher*. Todo filho precisa de pais que se preocupem um com o outro.

O que acontece com filhos que deixam um lar em que os pais viveram principalmente para eles? Se a mãe viveu para o seu filho, terá dificuldade em deixá-lo partir. Além das dificuldades normais decorrentes da separação, a mãe enfrentará muitas outras. Não desejará separar-se do filho e, assim, talvez, agarrará um dos braços dele, enquanto sua nora agarra o outro. O filho pode se deixar prejudicar nesse conflito, com trágicas conseqüências para os envolvidos. As duas mulheres podem começar a brigar. Ou podem ter ressentimentos uma da outra ou do filho. Por que as piadas e histórias em quadrinhos sempre envolvem o marido e a sogra? Uma razão possível é que este é o único relacionamento sobre o qual os humoristas ousam fazer piadas. O problema real, conforme os conselheiros verificam, quase nunca acontece entre o marido e a sua sogra, e sim entre a nora e a sogra. É nesse ponto que surgem as amarguras. Isso acontece freqüentemente por causa da transgressão das leis de Deus sobre o deixar e o unir-se.

Quando um rapaz se permite ser prejudicado por sua mãe e sua esposa, em vez de obedecer à Palavra de Deus, todos sofrem. Se ele deixa os pais e se une à sua esposa, apesar do que possa dizer sua mãe, sempre será melhor para ela, para a esposa e para ele mesmo. Como é importante que as mães saibam quando dizer a seus filhos que deixem o ninho. Primeiramente, devem ensiná-los a voar e, depois, empurrá-los para fora do ninho, quando a hora chegar. É vital, portanto, que os pais compreendam que a relação mais básica é a que existe entre marido e mulher, e não entre pai e filho.

Talvez seja apropriado dizer uma palavra aos jovens. Se quiserem uma situação ideal para vocês mesmos e para seus pais, não exijam deles tanta atenção e interesse. Não fiquem ansiosos por extrair deles cada segundo de suas vidas. Eles não dispõem de tanto tempo assim. Precisam passar algum tempo juntos. Seria formidável se, de vez em quando, alguns de vocês dissessem: "Pai, mãe, por que não saem um pouco e fazem um programa juntos? Eu fico tomando conta das crianças!" Vocês devem fazer o máximo possível para ajudar seus pais a encontrarem tempo para estarem juntos. Eles precisam fazer coisas sozinhos. Isso não beneficiará apenas seus pais; a longo prazo, também será benéfico para *vocês*.

Quando chegar a hora de você sair de casa, eles estarão ansiosos por sua partida. É isso mesmo. E deveria ser sempre assim! Eles saberão que você está bem preparado para começar uma vida nova sozinho e terão a vida deles mesmos à sua disposição, vida que estão ansiosos por expandir. Os pais devem dizer um ao outro, de vez em quando: "Puxa, não será legal quando o último filho partir? Então, teremos tempo para ficar juntos; poderemos ficar juntos novamente". É assim que os pais deveriam pensar.

E pensarão assim quando considerarem o seu casamento como a relação permanente mais importante de sua vida. Outros relacionamentos são apenas temporários. Deus empresta os filhos aos pais, para que estes os preparem para o futuro; então, quando o futuro chegar, os filhos devem partir. Os filhos podem ser uma alegria, mas não podem ser o alicerce da alegria no casamento.

Essa verdade é realmente crucial. Como lhe dar a ênfase que merece? Maridos e mulheres, façam a si mesmos esta pergunta: que tipo de vida teríamos se nossos filhos nos fossem tirados de repente? Falando com seriedade, que tipo de vida vocês teriam juntos, como marido e mulher? O que construíram entre si? Têm interesses comuns? Fazem coisas juntos? Estão se empenhando em alguma causa comum? Sobre o que conversam quando ficam juntos no fim do dia? Que existe agora entre vocês dois? Esta é a pergunta. Se vocês acham difícil imaginar o que dizer ou fazer, é melhor começarem a procurar uma solução imediatamente! Mais depressa do que imaginam, seus filhos sairão de casa. De repente, vem a universidade, surge aquela moça – e lá se vai seu filho! Aparece aquele rapaz, e, num piscar de olhos, sua filha parte! Vai acontecer de repente, antes que vocês percebam. E, quando acontecer, vocês ficarão sozinhos, um com o outro. Vocês podem temer esse dia ou esperar

Princípios bíblicos básicos sobre a família

com ansiedade a sua chegada e fazer seus planos tendo em vista esse dia.

Antes de continuar a ler, pare e pense sobre o assunto. Talvez você, esposa, descubra que precisa conversar sobre este assunto com seu esposo. Talvez você, marido, precisará discuti-lo com sua mulher. Talvez você, jovem, queira ir para casa e dizer a seus pais: "Papai, mamãe, vocês sabem que vou deixá-los em breve. Estou com meu enxoval pronto. O que eu posso fazer agora para tornar o casamento de vocês mais agradável? O que *eu* posso fazer?" De quantas maneiras você pode intervir, durante certa semana, para permitir que os dois encontrem um tempinho para ficarem juntos? Poderia cozinhar para *eles*? Mais tarde, depois de você ter jantado, que tal servir o jantar para papai e mamãe à luz de velas? Pense criativamente. Espere! Você está achando que isso é completamente impossível? Pensa que já não há mais nenhum romantismo em seus pais? Se não houver, talvez seja porque ele se esgotou, se desgastou no excessivo cuidado com vocês, filhos e filhas. Por que não fazer algo a respeito? Faça algumas ofertas. Faça algumas surpresas a seus pais e mostre-lhes que você se importa com eles.

E vocês, papai e mamãe, pensem neste assunto. Papai, quando foi a última vez que você fez algum passeio com sua esposa? E antes dessa, qual foi a última vez?

Quanto tempo se passou entre as duas ocasiões? Há algo que vocês costumam fazer juntos regularmente? Um casal que desejava sair e dispor de algum tempo a sós descobriu que precisava lançar mão de expedientes incomuns, como tomar o café da manhã de sábado numa lanchonete. Seja a que preço for, os pais devem achar tempo um para o outro. E o marido, como cabeça do lar, tem a obrigação de garantir que isso realmente aconteça; pois, em última análise, Cristo deu *ao marido* (conforme veremos adiante) a tarefa de fazer com que as coisas certas aconteçam no lar. É de importância vital que você cuide para que os relacionamentos de seu lar sejam bíblicos. Se, ao meditar sobre este assunto, você descobrir que há algo errado, por que não levar sua esposa para jantar fora e discutir o assunto com ela?

Distribuição de Tempo e Interesses

Use o quadro seguinte para fazer uma estimativa aproximada do tempo e do número de interesses dedicados a seu cônjuge e a seus filhos. Os fatores quantitativos são apenas um critério pelo qual você pode determinar se o seu tempo e os seus interesses estão bem distribuídos. É importante avaliar a qualidade do tempo e os itens de interesse que você assinalar.

Tempo dedicado a:		Interesses comuns:	
Esposo/esposa	Filhos	Esposo/esposa	Filhos
Dias úteis:			
Fins de semana:			

Noutra folha, refaça seu programa com bases mais bíblicas nos pontos que precisam ser mudados. Quando terminar, fale com sua esposa ou seu esposo, para lhe mostrar seus novos propósitos.

CAPÍTULO 5

Pessoas solteiras

O encontro do par

É perfeitamente claro em sua Palavra que Deus estabeleceu o casamento como o estado normal para os adultos. Ele não tinha a intenção de deixar Adão solteiro quando o colocou no Éden. Depois de criar o homem, Deus comentou: "Não é bom que o homem esteja só". Portanto, não é errado para uma pessoa solteira desejar ou procurar casar-se. O casamento foi determinado por

Deus. Cada pessoa recebe de Deus o seu próprio dom, seja viver como casado, seja viver como solteiro. Se alguém que recebeu este último dom procura se casar ou se mostra descontente com sua situação, está em pecado, assim como aquele que recebe o dom do matrimônio, mas não se casa.

Cada um precisa descobrir o dom que recebeu de Deus e viver de acordo com esse dom. Os dons de Deus não são dados por mero capricho da parte de Deus; também não são dados para que a opção por seu uso caiba a nós. À medida que os dons são descobertos, devem ser desenvolvidos e utilizados ao máximo no serviço de Deus e para sua glória. Deus distribui seus dons para cumprir seus propósitos e para o bem de seu povo. Este deve reconhecer como apropriada e correta a soberana administração de Deus sobre esses dons, embora nem sempre os fiéis possam perceber a vantagem que há nessa administração. "Todas as coisas (inclusive o dons de casar ou de permanecer solteiro) cooperam para o bem daqueles que amam a Deus, daqueles que são chamados segundo o seu propósito" (Rm 8.28).

Com freqüência, cristãos solteiros se revoltam contra a sua condição. Querem casar-se e deploram sua condição de celibatários. O que se pode fazer numa situação como essa, que é tão freqüente? Várias coisas.

Em primeiro lugar, a igreja deve reconhecer que muito pouco tem sido feito para oferecer convívio amplo e significativo para jovens cristãos solteiros. Arrependida, a igreja deveria mostrar "frutos dignos de arrependimento", começando a fazer muito mais pelos solteiros. Precisa ser explorada a possibilidade de promover retiros, campanhas, encontros entre igrejas – quem sabe, até cultos para jovens "interessados" – e toda uma gama de outras atividades criativas que permitam aos jovens solteiros encontrarem um par conveniente. Os pais, igualmente, devem assumir o compromisso obrigatório de ajudar. Talvez vários tipos de encontros em que os filhos mantenham comunhão possam ser realizados entre as famílias de uma igreja. (Ver o papel proeminente do pai em 1 Coríntios 7.36, ss.) Está mais do que na hora de se fazer algo mais.

Mas, o que podemos dizer sobre a pessoa solteira, moças em sua maioria? Especificamente, o que uma jovem cristã solteira pode fazer? Esse é um problema prático que precisa ser enfrentado de maneira direta.

Em primeiro lugar, ela deve descobrir seus dons. Seguindo de perto as orientações dadas em 1 Coríntios 7, que recomenda o celibato em tempos de perseguição (cf. vv. 26 e 29), ela pode examinar seus dons, investigando, por exemplo, seu *desejo* (cf. vv. 2, 8, 9). Na maioria das ocasiões, visto que o casamento é o estado normal em situações não-emergenciais, a moça deve ter o dom do casamento. Nesse caso, ela deve desenvolver e usar esse dom. Falaremos mais sobre isso. Se recebeu o dom de viver solteira, ela deve estar disposta a fazê-lo, preparar-se para isso e procurar o trabalho que, sem dúvida, o Senhor tem para ela em sua seara. Ela não deve temer o futuro, encarando-o com apreensão, mas deve reconhecer que Deus nunca chama seus filhos sem lhes dar a ajuda de que necessitam para cumprirem sua vontade e a capacidade de serem felizes ao cumpri-la.

Mas, o que podemos dizer sobre a jovem que já fez 26 ou 27 anos e deseja o casamento, mas ainda não encontrou aquele rapaz crente? O que deve ela fazer? Se ela já descobriu que, pelo que é capaz de discernir, possui o dom do casamento, deve fazer pelo menos três coisas.

1. Orar sobre o assunto. Talvez você proteste: "Já orei! Pelo que você pensa que oro todas as vezes?" Sei que você já orou – mas *ficou* nisso? Com freqüência, moças crentes criam uma atitude antibíblica em relação à oração. Acham que devem depender da oração, tão-somente da oração; qualquer ação adicional de sua parte "não seria espiritual". Quando você ora pelo pão de cada dia, senta-se sob uma árvore, esperando que ele caia do céu, de pára-quedas? "Não, é claro que não", responderá você. Está bem. Se você ora e depois sai para trabalhar, recebeu seu pão de cada dia como *uma resposta* à sua oração. Em geral, é por meio de (e não à parte de) *de seu trabalho* que Deus provê tais respostas. A sua oração, na verdade, quer dizer: "Senhor, dá-me oportunidade de trabalhar, saúde para o trabalho e abençoa o meu trabalho". A oração, portanto, deve ser combinada com o trabalho: "Se alguém não quer trabalhar, também não coma" (2 Ts 3.10). Isso é verdade, mesmo que a pessoa ore: "Dá-me hoje o pão de cada dia". O mesmo princípio é válido para a moça solteira que busca marido. Ela deve orar, mas também precisa esforçar-se para encontrá-lo. E isso tudo nos leva a dois outros fatores.

2. Preparar-se para o casamento. Se você está razoavelmente segura de que Deus lhe deu os dons para o casamento, comece a desenvolver esses dons. Isso significa pelo menos três coisas. Primeira, desenvolver ao máximo a sua capacidade de realizar as tarefas domésticas. Aprenda a costurar e a cozinhar, passe tempo junto com crianças, e assim por diante. Segunda, aprenda a tornar-se tão fisicamente atraente quanto possível. Se for preciso fazer um regime, faça-o; se não souber escolher as roupas que melhor lhe sirvam, ou não souber qual o melhor jeito de pentear seu cabelo, aprenda. Contudo, não se deixe dominar pelo aspecto da aparência física. Embora você deva ser tão atraente quanto possível (a noiva deve se adornar para seu marido – cf. Ap 21.2 e Ap 19.7-8, os quais asseveram que a noiva já se preparou para se encontrar com o noivo), não deve dar valor excessivo à beleza física. Leia especialmente Provérbios 31.30 e 1 Pedro 3.3-5. Isso nos leva ao terceiro e mais importante fator: desenvolver sua personalidade cristã. Você deve se tornar uma cristã vibrante. Uma cristã cheia de vida, que irradia aquela beleza interior do coração, é muito mais atraente para o tipo certo de rapaz cristão (o único tipo que você deseja) do que a jovem cheia de beleza estonteante, mas vazia por dentro. Uma mulher que desenvolve suas capacidades domésticas, que é razoavelmente atraente e, por si mesma, uma crente vibrante é uma pessoa irresistível!

3. Avançar em direção ao seu objetivo. "O quê?", você perguntará, "será que devo *fazer* alguma coisa para encontrar um marido?" Eu lhe respondo com outra pergunta: você deve *fazer* alguma coisa para ganhar seu sustento cotidiano? À secretária não basta orar pedindo serviço e preparar-se para ser uma secretária eficiente;

ela tem de *procurar* um emprego! Você deve *procurar* um marido.

Como? Esta é a grande pergunta. Em primeiro lugar, deixe-me alertá-la. Não se junte ao grupo masoquista de mulheres solteiras que ficam lamentando sua triste sorte, mas nada fazem para mudá-la. Esse tipo de conversa gera amargura, desespero e depressão. Certamente você não tem tempo para essas coisas, você tem trabalho a fazer. E, se já está num desses grupos, saia logo!

Freqüente lugares onde há jovens cristãos. Escolha um emprego que a faça entrar em contato com rapazes crentes, embora você venha a ganhar menos do que atualmente. Participe de retiros e conferências bíblicas que lhe dêem oportunidade de encontrar rapazes crentes. É claro que essa não deve ser sua principal razão para participar dessas reuniões. Contudo, não há motivo para que isso não seja um propósito ou uma razão específica para ter esse tipo de comunhão cristã e experiência de aprendizado.

Talvez você possa matricular-se num instituto bíblico ou numa faculdade de teologia. "Como? Ir para um instituto bíblico para conseguir marido? Isso não é um motivo indigno?" Creio que é uma das melhores razões pelas quais uma jovem crente deve freqüentar instituições de ensino teológico. Peça ao seu pastor que a ajude a descobrir onde há rapazes crentes. Talvez ele saiba de rapazes que estão à procura de moças crentes. Converse com algumas famílias de sua igreja. Algumas delas poderão convidá-la a ir à sua casa na companhia de um rapaz crente. Converse com mulheres casadas cujo testemunho cristão você conhece e respeita, especialmente aquelas que demoraram mais a casar-se. Pergunte-lhes como resolveram seu problema. Assim, você poderá receber muitos conselhos úteis.

Seja o que for, *faça* algo para resolver sua situação. Tenha o cuidado de fazer o que honra a Deus e se conforma com sua Palavra. Existem os melhores motivos para crermos que, se Deus lhe deu verdadeiramente o dom de casamento, se você desenvolveu as suas habilidades domésticas e está fazendo o possível para ser atraente, cheia de vida e disponível – tudo isso no espírito de oração –, existem os melhores motivos para esperar que Deus lhe enviará o homem certo no momento certo. Depois de cumprir esses requisitos você poderá descansar, confiando tranqüilamente, e esperar que Deus atue. Talvez ele ainda queira que você se prepare de maneiras que você desconhece. Pode ainda haver decepções depois de grandes expectativas; contudo, se você tiver consciência de que fez tudo que lhe era possível e de que entregou, em espírito de oração, tudo mais às mãos sabias de Deus, pode ficar certa de que o resultado final há de honrá-lo e abençoá-la.

Resumindo: descubra seus dons, desenvolva seus dons e demonstre seus dons.

O mito da compatibilidade

Compatibilidade é uma palavra perigosa. Não ocorre nas Escrituras, e seu conceito – conforme ele é normalmente apresentado na literatura contemporânea e nas conversas do povo – é altamente enganoso e antibíblico. O conceito comum de compatibilidade, seguido por crentes ou descrentes, pode trazer conseqüências desastrosas.

O que entendemos por compatibilidade? Normalmente, quando alguém usa o termo numa conversa, dá a entender que duas pessoas têm personalidades, interesses e contextos de vida compatíveis e que, por isso, têm mais possibilidades de produzir um bom casamento do que se esses elementos fossem diferentes. Não há evidências bíblicas de que isso seja verdadeiro. Pensar que, devido à igualdade de nível sócio-econômico, devido ao fato de que ambos gostam de jogar tênis ou de que os pais de ambos usam terno cinza para trabalhar, um casal terá vantagens no casamento, isso é uma idéia sem fundamento bíblico. O conceito de compatibilidade deve ser reexaminado biblicamente.

O fato bíblico é que não existem duas pessoas compatíveis, a despeito de quão semelhantes sejam suas vidas. Todos nascemos pecadores, e isso significa que, por natureza, somos incompatíveis. Para que duas pessoas sejam compatíveis, no verdadeiro sentido da palavra, devem primeiro nascer de novo e esforçar-se (pela graça de Deus) para *se tornarem* compatíveis. As pessoas não nascem compatíveis; tornam-se compatíveis pela oração santificadora do Espírito Santo em suas vidas.

Como alguém pode saber como escolher o seu cônjuge? Há apenas dois requisitos absolutamente essenciais: primeiro, que a outra pessoa também seja crente; segundo, que ambos não apenas demonstrem o desejo, mas também dêem evidência sempre crescente de uma capacidade de enfrentar, discutir e resolver, juntos e com as soluções apresentadas na Palavra de Deus, os seus problemas. Embora fatores sócio-econômicos, étnicos, etários e de outros tipos possam ser levados em conta como preferenciais, não são, de maneira alguma, essenciais. Sem dúvida, são como o glacê de um bolo. O único fator – além da salvação – realmente essencial é a capacidade de resolver problemas biblicamente. Possuindo essa capacidade, pessoas de contexto de vida bem diferentes são capazes de enriquecer suas vidas de maneira recíproca e profunda. A diferença (ou a semelhança) é questão de preferência pessoal, e não de essência. Mas, sem o desejo e sem a capacidade de resolver as dificuldades biblicamente, contextos de vida totalmente idênticos não tornarão compatíveis duas pessoas pecadoras.

Portanto, antes de assumirem qualquer compromisso, submetam-se ao teste decisivo: somos capazes de resolver o problema que estamos enfrentando da maneira exigida dos cristãos? Nada é mais essencial do que isso. Durante toda a sua vida você enfrentará essas dificuldades. A pergunta vital não será se os pais de ambos preferiam "fuscas" ou "opalas", e sim: "Podemos, juntos, resolver os problemas como Deus ordena?" Fique tão longe quanto possível de qualquer provável candidato a cônjuge que procura evitar a solução de problemas, que deseja minimizar as dificuldades, que tenta seguir soluções estereotipadas ou não se esforça com você, usando princípios bíblicos, para alcançar soluções que honrem a Deus. Se não houver uma indicação clara de que existe essa capacidade de achar soluções para os problemas e de que há perspectivas de desenvolvimento, vá devagar. Se não houver evidência de que essas coisas existem, nem houver mudança, interrompa quaisquer possíveis entendimentos que visem ao casamento. Depois disso, conte a outra pessoa por que razão houve a interrupção. Se ainda não houver o desejo de mudar, enfrentando *esse* problema de modo bíblico, comece a procurar outra pessoa.

Quando há o desejo de resolver problemas de modo bíblico, mas parece não haver a capacidade de fazê-lo, uma das explicações seguintes pode descrever o que acontece: (1) a outra pessoa não deseja aprender realmente a resolver problemas à maneira de Deus; ou, se há o desejo, não existe motivação suficiente para lidar com os problemas enquanto não há mudança. Outra vez, se esse for o caso, não se envolva com tal pessoa, a não ser que ocorra mudança real, e se torne evidente um crescimento subseqüente na capacidade de resolver problemas. (2) A outra pessoa talvez não saiba em que deve mudar. Neste caso, bom aconselhamento, esforço mútuo e outros fatores acabarão por vencer o problema. Então, sejam pacientes, enfrentem com seriedade os problemas e consigam toda a ajuda genuína possível. Contudo, qualquer compromisso deve ser evitado até que alguma mudança tenha ocorrido e alguns elementos de crescimento sejam perfeitamente visíveis. Lembre-se: sempre que Deus opera, ele não dá apenas o desejo, mas também a capacidade de atingir o objetivo (ver Fp 2.13, 2 Co 8.10).

Naturalmente, tudo isso também pode ser aplicado a você mesmo. Enquanto você não tem o desejo, o conhecimento básico e alguma prática em resolver problemas biblicamente em todos os seus relacionamentos, você ainda não está preparado para o casamento.

Avaliação da Pessoa Solteira

Nos espaços abaixo, faça uma avaliação honesta de suas qualificações pessoais para o casamento e aliste sugestões ligadas ao que você deve fazer, como crente, para preparar-se para o casamento.

Como sou agora
O que Deus quer que eu seja
Como posso tornar-me o que devo ser
Considere particularmente estas áreas:
Oração
Preparação para o casamento Doméstica Física Personalidade Cristã
Progresso para o alvo

Critérios para o casamento

_____ está salvo?
☐ Sim ☐ Não ☐ Não sei.

Não deve haver casamento, se você não puder marcar "Sim" com confiança.

_____ e eu queremos resolver os problemas à maneira de Deus?
☐ Sim ☐ Não ☐ Não sei.

Já mostramos que sabemos fazer as coisas juntos?
☐ Sim ☐ Não ☐ Não sei.

Uma vez mais, o casamento não é recomendado, se você não puder marcar "Sim" com confiança.

Registro

Aliste abaixo as soluções de, pelo menos, cinco problemas que vocês resolveram juntos à maneira de Deus. Devem ter sido problemas nos quais havia opiniões divergentes, decisões difíceis de tomar, discussões ou antagonismos pessoais a vencer.

Problema	Solução	Método

CAPÍTULO 6

Uma palavra às esposas

Foi necessário comentar Efésios 4 não apenas para estudar a comunicação, mas também porque ele deve servir de base para focalizarmos Efésios 5. A importância da comunicação para marido e mulher que procuram agir em conjunto, como Cristo e sua igreja o fazem, não deve ser menosprezada. Deixando de lado a comunicação, eles serão incapazes de desempenhar bem suas funções e relações no lar.

Em nenhum outro lugar das Escrituras, as funções

apropriadas de marido e mulher são apresentadas tão detalhadamente como em Efésios 5.22-33. Estes são versículos cruciais que, baseados na ordenança da criação, ampliam o conceito cristão do casamento. Há duas divisões nesta passagem: versículos 22 a 24 e versículos 25 a 33. Analisaremos a primeira divisão neste capítulo. É a Palavra de Deus dirigida às esposas, e isto nos basta:

> *As mulheres sejam submissas ao seu próprio marido, como ao Senhor; porque o marido é o cabeça da mulher, como também Cristo é o cabeça da igreja, sendo este mesmo salvador do corpo. Como, porém, a igreja está sujeita a Cristo, assim também as mulheres sejam em tudo submissas a seu marido (Ef 5.22-24).*

Quase sem exceção descobrimos em nosso aconselhamento que, se existem outros problemas sérios num casamento, há também o fracasso no desempenho das funções de marido e mulher, geralmente sob a forma de inversão dos papéis. As funções do marido e da mulher, como Paulo as descreveu nesta passagem, não estão sendo cumpridas. Quando isso acontece, além de ser mais difícil a solução dos problemas, essa falha se torna a fonte de outras dificuldades. Essa dinâmica destrutiva se propaga por si mesma. Quando outros problemas não-resolvidos aparecem no relacionamento conjugal, as funções do marido e da mulher acabam por ser lançadas para o alto e, posteriormente, geram confusão total. Por fim, marido e mulher acabam por assumir algumas dessas funções, numa trégua temporária, desconfortável, desagradável e insatisfatória. Inversões de função acarretam problemas posteriores que geram novas inversões *ad infinitum*. Portanto, é importante compreender o papel apropriado de cada cônjuge, como desempenhá-lo e mantê-lo em funcionamento num lar cristão.

A essência dessas palavras dirigidas ao marido e à mulher pode ser atingida rapidamente, se formularmos duas perguntas: marido, você ama sua mulher a ponto de morrer por ela? Mulher, você amam seu marido a ponto de viver para ele?

É sobre isso que fala a porção final de Efésios 5. O marido deve aprender a amar sua mulher como Cristo ama à sua igreja. Se necessário, deve estar pronto a dar sua vida em favor de sua esposa. A esposa, por seu lado, deve amar seu esposo de tal modo que deseje viver para ele. Deve estar disposta a dedicar toda a sua vida para ser a auxiliadora do seu esposo. Isso envolve viver para ele, tal como se exige que a igreja viva para Cristo. Essas duas exigências são muito amplas. Não são fáceis de cumprir. No entanto, são as exigências que Deus estabeleceu nesta passagem bíblica. Ele, que estabeleceu as exigências para cada cônjuge, sabe ajudar-nos a satisfazer essas exigências.

Mulheres, Deus espera que vocês amem seu marido a tal ponto que estejam dispostas a submeter-se a ele da mesma maneira como a igreja está sujeita ao Senhor. Talvez você possa objetar, dizendo: "Ah! espere aí! Não me diga que você vai seguir esse caminho! Quer dizer que a esta altura da história da humanidade você pretende ressuscitar essas velhas idéias de Paulo? Você quer dizer-nos que as mulheres de hoje devem viver daquela maneira? Em plena era do Movimento de Libertação Feminina, você tem coragem de falar nesses termos às mulheres? Você não sabe que essa passagem se originou de uma cultura atrasada e antiga? Não vivemos no Oriente, onde as mulheres caminham dois metros atrás dos maridos. Não! Vivemos no mundo moderno! Não é possível que você esteja realmente querendo dizer o que disse, não é? É sim, eu quero.

Você pode dizer também: "Bem, além de esse ensino estar restrito, quanto ao lugar e ao tempo, a determinado tipo de cultura, lembre também que ele partiu de Paulo, um velho solteirão. Foi por culpa de Paulo que esse ensino se espalhou. Afinal de contas, Paulo mal sabia o que estava falando. Ou ele se casou jovem e se tornou membro do Sinédrio, mas sua esposa morreu, e ele esqueceu o que era o casamento, ou permaneceu solteiro por toda a vida e foi aceito no Sinédrio como uma exceção. De qualquer modo, quando escreveu, ele não sabia nada sobre o casamento. Escreveu como homem solteiro". Essa argumentação é altamente perigosa. Efésios 5 é parte da Palavra de Deus inspirada. Paulo estava escrevendo sob o poder motivador do Espírito. Senhoras, se isso as deixa furiosas e prontas a brigar, não me culpem; nem culpem a Paulo. Isso é a Palavra de Deus.

Na verdade, muitas calúnias têm sido levantadas contra Paulo. Essas calúnias não constituem uma vergonha para Paulo, e sim para as mulheres crentes que falam tão irrefletidamente. Nenhum escritor do Novo Testamento diz coisas mais elogiosas do que as que Paulo disse sobre as mulheres. Eu exorto as mulheres a examinarem as cartas de Paulo, quando puderem. Leiam os capítulos finais do livro de Romanos, por exemplo. Notem, em outras cartas, quando ele fala com apreço sobre pessoas, como são freqüentes os elogios a mulheres. ; É óbvio que as mulheres cristãs da época de Paulo tinha um alto conceito sobre ele. Dizer que Paulo odiava as mulheres ou chamá-lo de velho solteirão, que nada sabia sobre o casamento, é interpretar de maneira totalmente errada as palavras e o pensamento de Paulo.

Paulo amava as mulheres. Ele não foi motivado por um espírito beligerante quando escreveu as palavras de Efésios 5 ou aquelas que dirigiu aos coríntios ou a Timóteo (ver 1 Coríntios 14 e 1 Timóteo 2). Ele tinha ótimas razões para dizer o que disse. Não podemos descartar essas palavras como se fossem o pensamento de um solteirão velho e enrugado. Elas também não podem ser menosprezadas como se tivessem sido dirigidas a determinadas culturas restritas. Os pontos de vista de Paulo a respeito das mulheres eram coerentes. Quando defendeu o papel de subordinação da mulher em 1 Coríntios e 1 Timóteo, não baseou seus argumentos nos costumes de sua cultura. Em vez disso, referiu-se à criação e à Queda. Ele disse: "Porque *primeiro* foi formado Adão, depois, Eva" (1 Timóteo 2.13). Salientou o fato de que o homem não foi criado para a mulher, mas a mulher para o homem. Apelou à ordem da criação. Paulo recorreu obviamente ao relato do livro de Gênesis, no qual a ordem da criação é estabelecida com clareza. Paulo não apelou à cultura mediterrânea do Oriente, da Grécia ou de Roma. Apelou à própria criação, à maneira pela qual Deus estabeleceu os papéis do homem e da mulher no princípio.

Depois, Paulo acrescentou uma segunda razão. Em 1 Timóteo 2, ele observou que, além de a mulher ser submissa ao homem devido à ordem e ao propósito de sua criação, não foi o homem, e sim a mulher quem pecou primeiro. Ele apelou à ordem da Queda e à declaração de Deus a Eva, após a Queda: "O teu desejo será para teu marido, e ele te dominará". Com base nesses dois relatos fundamentais, Paulo construiu seu comentário sobre os papéis do marido e da mulher. O homem foi criado em primeiro lugar, e a mulher foi criada para ser sua auxiliadora. Por causa do que Eva fez, Deus também declarou que o homem deve dominar sua mulher. Assim, não foi com base em considerações culturais, e sim em dois fatores mais elementares – a criação e a Queda – que Paulo baseou o seu comentário em Efésios 5. Nada menos, nada diferente, nada mais do que isso está por trás de suas palavras a respeito de submissão. Tendo eliminado as objeções, talvez seja possível considerarmos a passagem com critério, observando suas implicações reais. Mas não tire conclusões precipitadas. Talvez você fique agradavelmente surpreendida com o verdadeiro significado bíblico de submissão.

Paulo começa com estas palavras: "As mulheres sejam submissas ao seu próprio marido, como ao Senhor". Essa é uma declaração fortíssima. Da mesma maneira como você se submete ao seu Senhor, deve procurar submeter-se a seu marido. Paulo continua: "Porque o marido é o cabeça da mulher, como também Cristo é o cabeça da igreja". Cristo domina sua igreja; ele é o cabeça da igreja. Cristo lhe dá a direção que deve ser seguida e lhe fala com autoridade. Por fim, Paulo explica: "Como, porém, a igreja está sujeita a Cristo, assim também as mulheres sejam em tudo submissas ao seu marido". Pessoas tentam ler essas palavras com outro sentido. Tentam embotar o fio da lâmina. Torcem e não fazem caso do seu sentido. Mas não podemos escapar do propósito claro dessas palavras, não importando quanto você as torça e as esprema. Reiteradamente, essas três sentenças de Paulo dizem às mulheres que elas devem submeter-se à autoridade e ao domínio de seu marido no lar. Devem ser submissas. Em outra parte das Escrituras, a mesma mensagem é repetida por Pedro, que era um homem casado (ver 1 Pe 3.1-7). Ninguém pode acusar Pedro de odiar as mulheres.

Você deve entender o que significa submissão, pois terá de obedecer ao mandamento, quer goste dele, quer não. Isso diz respeito a você, mulher crente. Você deve obedecer a seu marido; Cristo afirma que você deve. Não há opção quanto a isso. Ele não diz que seria bom que você fizesse isso. Cristo não diz que todos seriam mais felizes se você assim agisse. Ele não diz que a vida no lar seria mais tranqüila se você obedecesse. Ele diz que você *tem* de obedecer. Você tem de obedecer, não principalmente pelos benefícios que você e seu marido receberão, mas *para demonstrar a relação que há entre Jesus Cristo e sua igreja*. Você não deve demonstrar erroneamente essa relação, embora tal demonstração envolva um custo elevado. Você não pode exemplificar o amor que a igreja deve ter por Jesus Cristo, se esse tipo de amor não está em seu coração por seu marido. Esse amor deve ser visto como um resultado de sua vida de submissão.

Você pode considerar essa ordem difícil demais. E é mesmo. Todos os seus piores temores de que Paulo possa estar realmente dizendo que você tem de obedecer a seu marido estão sendo confirmados. Paulo menciona diversas vezes a necessidade de submissão. Por que ele diz isso tantas vezes? Porque muitas pessoas insistem em não ouvir. Talvez por isso Paulo repetiu três vezes, em três versículos, de três maneiras diferentes, a mesma coisa. Ele enfatizou e destacou o princípio para seus leitores não deixassem de perceber. Não há como esquivar-se desse princípio ou passar por cima dele. Isso é simplesmente impossível para você. Você terá de viver com ele, viver por ele e viver nele. Por isso, tentemos entendê-lo.

Para começar, há algumas preocupações erradas que devem ser esclarecidas. A submissão não elimina a liberdade; cria maiores oportunidades para que ela ocorra. Quando o trem está mais livre – quando vai aos solavancos, ladeira abaixo, *fora* dos trilhos, ou quando corre suavemente *sobre os* trilhos, confinado ou restrito, se é assim que você prefere dizer acerca dos trilhos? Ele está mais livre quando está onde deveria estar, fazendo aquilo para o que foi construído. Permanecer *restrito* aos trilhos significa liberdade. *Confinado* aos trilhos significa capacidade de realizar aquilo para que foi construído. Na verdade, o que traz a liberdade? Entrar no trilho certo.

Quando é que uma pessoa está mais livre ao tocar um órgão ou piano? Está mais livre em tocar um instrumento musical quando diz: "Esqueça-se das regras e das leis da harmonia, da escala cromática e de tudo mais!"? Não está livre se diz: "Esqueça tudo isso!", e sim quando passa longas e difíceis horas ensaiando as escalas. "Como isso é possível?", pergunta você. A pessoa que se senta ao órgão e diz: "Esqueça os livros e os ensaios!" não está livre. Ela elimina as pausas, usa erroneamente o pedal, e suas mãos caem pesadamente sobre o teclado – produzindo uivos e grunhidos. Qual o resultado? Pura cacofonia! Barulho! Essa pessoa não é capaz de tocar o órgão. Não é livre para criar música. Não é livre, está presa à sua própria falta de conhecimento, à sua falta de técnica; está presa porque não passou todas as horas necessárias para aprender a criar música.

Mas a pessoa que segue o caminho longo e difícil da restrição, que trabalha *dentro* da estrutura, chega, por fim, ao ponto em que pode abandonar os livros e criar sua própria música. No mundo de Deus, a liberdade nunca deixa de lado a estrutura. Quando alguém está livre para viver como Deus planejou, está realmente livre. Hoje ouvimos muita coisa sobre a liberação da mulher. Quero que você seja livre. Aqui está o caminho da verdadeira liberação da mulher: submissão. A submissão permite que a mulher corra *sobre os trilhos;* permite que ela crie música em seu lar.

Quando você fizer o que Deus traçou para você fazer como mulher e for o que Deus planejou que você seja, você será mais livre do que nunca. No mundo redondo criado por Deus, você não pode viver como um quadrado sem ter seus cantos arrancados. É impossível viver assim. Você pode tentar viver fora de forma. Pode tentar sentar ao órgão com permissão (que você pode chamar erradamente de liberdade), mas não será livre.

O princípio de submissão permeia toda a vida. E isso envolve relações na igreja e no lar (ver 1 Tm 2.11-15; 1 Co 14.34-35). Uma mulher jamais deve assumir posição de autoridade sobre um homem, como professora ou dirigente. Assim, os dois ofícios dos anciãos lhe são negados. Isso não é dito com base na cultura, mas com base na ordem da criação e nas circunstâncias envolvidas na Queda.

Mas, o que está envolvido na submissão? Eis o problema principal a ser resolvido. Opiniões distorcidas são comuns e precisam ser corrigidas. Os próprios crentes têm interpretado a Bíblia erroneamente neste assunto. Puseram sobre as mulheres cargas que a Bíblia nunca teve a intenção de pôr. Estragaram dons e inutilizaram ministérios que teriam trazido grande alegria aos lares e bênçãos à igreja. Por isso, é mister que tenhamos um conceito bem real do que a Bíblia indica quando fala em submissão.

A idéia generalizada sobre a submissão é a de que a submissão reduz a mulher a mera propriedade. Ela é um bem móvel, possuído e manipulado pelo marido. Ela deve curvar-se e arrastar-se diante dele, sem jamais fazer sugestões ou objeções. Não deve abrir a boca nem a mente. Deve fazer a vontade do marido sem indagar ou sugerir.

Tal idéia não é bíblica. Pode ser idéia islâmica ou uma idéia da antiga cultura japonesa, mas não é uma idéia tirada da Bíblia. Essa idéia deixa de expor a noção bíblica da submissão. Biblicamente, a mulher não deve ser pisoteada pelo marido. Seus dons, dados por Deus, não devem ser ignorados ou suprimidos. Pelo contrário, a Bíblia nos fornece um quadro totalmente diferente.

Para entender esse assunto, voltemos nossa atenção para uma passagem crucial que explica o papel do marido como cabeça – 1 Timóteo 3.4-5. Nesta passagem, Paulo comenta as qualificações de um bispo. Os bispos devem ser escolhidos entre os homens da igreja que, em sua vida, exemplificam o que Deus exige de todos os homens. Que qualidades esse homem deve ter? Em primeiro lugar, diz Paulo, ele deve ser um bom marido e um bom pai. Se não for capaz de exercer a liderança cristã como cabeça do lar, também não poderá liderar bem a igreja. Como descrever a boa liderança no lar? Paulo diz que isso consiste em governar bem a própria casa e trazer os filhos sob disciplina, com toda a dignidade.

A palavra chave da descrição da liderança bem sucedida é o termo *governar.* A tarefa do marido é governar a família. Governar ou administrar é a melhor tradução da palavra *proistemi.* A idéia que ela transmite é a de alguém que controla, mas não faz tudo sozinho. Tal como deve ser o supervisor de uma congregação, assim o marido deve ser supervisor ou administrador do lar. Um bom administrador sabe como conseguir que outros façam algum trabalho. Sabe como descobrir, desenvolver e utilizar os dons de outros. Isso é um administrador; e isso é o que um marido deve ser.

O marido, como cabeça do lar, é seu administrador. Ele é a cabeça; a cabeça não faz o serviço do corpo. O marido não deve responder a todas as perguntas ou pensar em todas as idéias. No entanto, ele deve reconhecer que Deus lhe deu uma mulher para ser sua auxiliadora. Um bom administrador olhará para sua auxiliadora e dirá: "Ela tem certos dons. Se eu quiser governar bem a minha casa, devo cuidar para que cada um desses dons seja desenvolvido e usado tão plenamente quanto possível". Ele não desejará esmagar a personalidade da esposa; em vez disso, procurará levá-la ao máximo de desenvolvimento.

Se ele não for um perito em matemática, dará graças a Deus por lhe ter dado uma esposa que tem habilidade em matemática e usará plenamente essa capacidade. Ele será um completo fracasso e um mau administrador se não puser em ação os talentos de sua esposa para manter a contabilidade em dia e pagar as contas. Isso não significa uma abdicação de sua posição; ele ainda deve exercer autoridade final nas grandes decisões financeiras do lar (as de menor importância, ele pode deixar nas mãos de uma esposa econômica). Ele controla o todo, registra a situação financeira da família e toma todas as decisões finais quando há diferenças irreconciliáveis de opinião. No entanto, ele será um tolo se não usar os talentos que Deus deu à sua auxiliadora – e os usar ao máximo. Assim, como podemos ver, a autoridade do marido não destrói a personalidade da mulher; pelo contrário, é a melhor razão para desenvolvê-la e usá-la para a glória de Deus e a bênção do lar.

"Mas, isso está no Novo Testamento", protestará você. "E o que diz o Antigo Testamento?" O que podemos dizer sobre o Antigo Testamento? Considere a mulher ideal, conforme descrita em Provérbios 31.10-31. Toda mulher deveria ler esses versículos freqüentemente; e seu marido faria bem se os lesse de vez em quando. Como descrever essa mulher? Para começar, ela é chamada de "virtuosa" (v. 10). Literalmente, porém, o texto original diz "uma mulher de muitas partes". O escritor vai separá-la em partes e analisar cada parte dessa mulher notável. Ela tem muitas facetas. Sua personalidade tem muitos aspectos. Possui muitos talentos que foram desenvolvidos e estão funcionando bem. Aqui está a figura de uma mulher verdadeiramente libertada. Ela não é minimizada de maneira alguma. Leva uma vida cheia, significativa e produtiva. Seu marido sabe como colocar suas capacidades em primeiro plano. Ele é um bom administrador que deixou com ela muitas decisões. Todos os seus talentos estão sendo usados plenamente para o seu lar. Tudo isso – e muito mais – está contido na expressão "uma mulher de muitas partes". "O seu valor muito excede o de finas jóias. O coração de seu marido confia nela e não haverá falta de ganho". Ele pode confiar-lhe muitas coisas, sem medo, e ela produzirá bons resultados. Essa é a idéia básica.

Agora, vamos examinar especificamente como vive essa mulher. "Ela lhe faz bem e não mal, todos os dias da sua vida". Notem, ela visa sempre a seu marido. Reconhece que sua tarefa consiste em ajudá-lo. Ela se preocupa com ele; ela o ama e sempre lhe faz o bem, todos os dias da sua vida. Está disposta a viver por ele. Tudo isso já fica bem claro desde o princípio. Ela se dispõe a trabalhar fisicamente no lar, como dona de casa ou, usando uma expressão mais recente, como engenheira doméstica, se assim preferirem.

"Busca lã e linho e de bom grado trabalha com as mãos" (v. 13). Há diferença entre fazer as tarefas diárias (o que está aqui esboçado em termos de deveres cotidianos) com alegria e a maneira como muitas mulheres as realizam. Por que muitas mulheres não apreciam o papel de dona de casa (ou engenheiras domésticas, se preferirem)? Porque nunca aprenderam a apreciar a execução de suas tarefas cotidianas. Pelo contrário, vivem a resmungar e reclamar de sua triste sorte como mulheres. "Os mesmos pratos de novo! Três vezes por dia, eu lavo essas coisas, só para vê-las sujas de novo! Dia após dia, lá vêm os mesmos pratos; lavar, sujar, lavar, sujar, lavar, sujar. As mesmas roupas, lavar e passar do mesmo jeito" Então, "O mesmo marido, os mesmos filhos!" é o passo seguinte.

No entanto, realizar tarefas é parte da verdadeira vida neste mundo de Deus. Essas mulheres mergulham e nadam em sua autocomiseração. Pensam: "Meu marido sai para trabalhar e se encontra com gente interessante". É claro que sim! Se as esposas ao menos soubessem! Vocês não sabem que os maridos também têm suas obrigações? Talvez você diga: "Quem é você para falar isso? Como conselheiro, você se encontra diariamente com pessoas interessantes". Claro! Hora após hora ouço mulheres despejando em meu ouvido os momentos difíceis que passam em casa! Todos têm suas dificuldades. Num mundo de pecado, todos têm problemas. A vida dos homens não é nem um pouco mais fácil que a de uma mulher. Não é mais romântica ou mais cheia de aventuras do que a de uma mulher. O que realmente conta é se você aprenderá ou não a se alegrar com seu serviço, não importando qual seja a sua tarefa. Isso também é verdade no caso de seu marido.

A imagem bíblica da mulher libertada é a de alguém que aprendeu a fazer seu trabalho com *alegria*. Aprendeu a cantar enquanto lava a louça. Ela sente gratidão pela comida que suja os pratos.

Talvez como homem não deva fazer a sugestão seguinte, mas eu a farei. Talvez você a rejeite como uma tolice típica dos homens. É um direito que lhe cabe, e talvez você esteja certa. Digamos que, se dos 20 aos 60 anos (arredondando os números), eu me defrontasse com a possibilidade de passar 50 anos cozinhando, penso que eu desejaria saber muito mais sobre a preparação de alimentos do que a maioria das mulheres. Não estou criticando o produto final, vocês compreendem. Mas, por exemplo, a maioria das mulheres nem sabe *por que* a água ferve. Com certeza elas sabem muito pouco ou nada sobre as reações químicas que ocorrem entre os vários alimentos e temperos. Se eu tivesse de enfrentar a cozinha dia após dia, como uma mulher o faz, tendo apenas livros de receitas para manusear, também não cantaria tão alto. Se eu tivesse de cozinhar pelo resto de minha vida desse jeito, talvez achasse bem difícil fazê-lo com alegria. Penso que tentaria aprender ao menos alguma coisa dos princípios de química existentes na preparação dos alimentos, pelo menos os princípios mais elementares, para que pudesse fazer idéia de por que, ao cozinhar, os elementos químicos reagem da maneira como o fazem. Então, cozinhar poderia começar a ser empolgante. Você poderia começar a experimentar um pouco disso. Seria capaz de ir além dos livros de receita, sem receio de envenenar a família.

"Isso parece o típico raciocínio masculino", você dirá. Talvez seja, mas ofereço a sugestão de qualquer maneira, pois quanto mais você se dedica a cozinhar, mais recebe disso. Você terá prazer em cozinhar, se realmente se atirar à cozinha. Ada L. Roberts escreveu um livro chamado *Pães Favoritos da Fazenda Rosa Lane*. É um livro fantástico, realmente sem paralelo. Essa mulher se interessava pelos princípios da química envolvidos na preparação de pães. Suas inovações provocaram sensíveis melhoras na fabricação de pães. Eis uma mulher que começou a indagar: por que pôr os ingredientes costumeiros no pão? Por que não usar outros? Por que pô-los nesta ordem, e não nesta outra? Apanhou o livro de química de seu filho e descobriu, por exemplo, que o sal retarda a ação do fermento. Partindo dessa e de outras idéias básicas, ela criou novos processos e se tornou uma pioneira no uso de novos ingredientes. Seu livro é formidável. Sei disso porque comi alguns de seus pães! A Sra. Roberts usou um pouco de raciocínio, uma pitada de originalidade e acabou se divertindo muito ao preparar pães de qualidade muito superior. Por que você não faz algo assim? Transforme suas tarefas cotidianas num prazer; atire-se a elas com entusiasmo. Trabalhe com as mãos, entusiasmada.

Em seguida, a mulher ideal é comparada a um navio mercante. Ela é como o navio mercante porque traz de longe os alimentos para seu lar. Nossos bisavós tinham de fazer o mesmo. Precisavam sair todos os dias para conseguir comida, pois não havia geladeiras. Ainda há lugares no mundo em que a maior parte do dia de uma mulher é usada na obtenção de comida para sua família. Ela precisa procurar em lugares distantes para conseguir o melhor preço e a melhor qualidade. É assim que a mulher se assemelha ao navio mercante. E, visto que tudo isso exige muito tempo, ela precisa levantar-se quando ainda está escuro, para dar "mantimento à sua casa e as tarefas às suas servas". "Ah! ela tinha empregadas!", você dirá. Sei em que você está pensando: "Se eu tivesse empregadas conseguiria fazer tanto que ela fazia". Ora, você tem empregadas com as quais ela jamais sonhou: refrigeradores, freezers, lavadoras automáticas, secadoras, lavadoras de pratos. Há uma tomada para cada coisa em sua cozinha, exceto para as crianças! E suas "empregadas" não lhe respondem mal. Portanto, essa desculpa não a isenta da responsabilidade, nem por um momento.

Uma palavra às esposas 119

Ela "examina uma propriedade e adquire-a". Essa mulher se envolve em negócios imobiliários. *Ela* examina uma propriedade, e *ela mesma* a adquire. Essa mulher possui grande capacidade, e seu marido reconhece isso. Como bom administrador, é claro que ele já percebeu que ela pode tratar desses assuntos por si mesma. Obviamente, essa mulher não parece estar sendo reprimida. Sua habilidade para negócios é usada em benefício de seu lar. Notem: "Planta uma vinha com a renda do seu trabalho". Além de comprar uma propriedade, ela torna seu campo produtivo com o dinheiro que *ela mesma* ganhou antes. Essa mulher "cinge os lombos de força e fortalece os braços". Terá de fazer isso se pretende trabalhar na vinha que plantou. "Ela percebe que seu ganho é bom; a sua lâmpada não se apaga de noite." Ela consegue tirar o máximo valor de tudo, embora, para fazer isso, precise trabalhar até altas horas da noite.

"Estende as mãos ao fuso, mãos que pegam na roca". Por causa disso, "abre a mão ao aflito; e ainda a estende ao necessitado". Que binômio maravilhoso! (vv. 19-20): o fato de estender as mãos ao trabalho torna possível estender as mãos aos que passam necessidade.

"No tocante à sua casa, não teme a neve, pois todos andam vestidos de lã escarlate." Ela fez agasalhos vermelhos para a família! Também *costura* belas roupas para si mesma. Suas vestes são "de linho fino e de púrpura". Essa mulher vai às lojas, compra moldes prontos, senta-se à sua máquina de costura e começa a preparar suas roupas. Ela anda bem vestida e pode usar roupas finas, porque costura sua própria roupa.

Agora, observemos o marido dessa mulher: "Seu marido é estimado entre os juízes, quando se assenta com os anciãos da terra". Por favor, não entendam erroneamente essa passagem. A figura que se nos apresenta não é a de uma mulher trabalhando feito escrava em casa, enquanto o marido passa o dia assentado, à toa. "À porta", nas Escrituras, sempre se refere ao tribunal da cidade, o local onde se exerce o governo local. A idéia é que seu marido, *por* ter uma mulher como ela, alcançou lugar de proeminência na cidade. Esse é o fato. Ele se tornou um dos líderes da comunidade. É um dos homens mais importantes da cidade; ela o ajudou fielmente a galgar essa posição.

Ela faz roupas de linho e vende-as; também fornece cintos aos comerciantes. Mantém vários negócios paralelos. Faz transações imobiliárias. Possui uma vinha.

Faz roupas e cintos para vender. A idéia de que a mulher não pode ter emprego é falsa. Aqui está a esposa de um proeminente líder comunitário que o tem. A chave para determinar se um emprego é apropriado ou não está simplesmente em saber se o emprego ajuda ou prejudica a família.

"A força e a dignidade são os seus vestidos, e, quanto ao dia de amanhã, não tem preocupações. Fala com sabedoria, e a instrução da bondade está na sua língua." Ela não é uma escrava, que trabalha por toda a casa. Tampouco é apenas uma mulher de tino comercial. Ela é intelectualmente ativa. E não apenas isso, pois ela sabe como aplicar *com sabedoria* seus pensamentos à vida de outras pessoas. No livro de Provérbios, a sabedoria é sempre considerada sabedoria divina. Aquilo que essa mulher sabe, ela usa com sabedoria, para se tornar uma bênção e uma força beneficente em favor de outros. Outros a procuram para ouvir o que ela tem a dizer.

"Atende ao bom andamento da sua casa e não come o pão da preguiça" - isso é óbvio.

> *Levantam-se seus filhos e lhe chamam ditosa; seu marido a louva, dizendo: Muitas mulheres procedem virtuosamente, mas tu a todas sobrepujas. Enganosa é a graça, e vã, a formosura, mas a mulher que teme ao Senhor, essa será louvada. Dai-lhe do fruto das suas mãos, e de público a louvarão as suas obras (Pv 31.28-31).*

Eu lhes digo uma coisa: esse ideal, apresentado pelo Antigo Testamento, é o ideal de uma mulher libertada. Você pode questionar minha afirmação, se quiser e como melhor lhe parecer. Essa mulher é feliz! Isso está evidente em cada um dos versículos. Ela é realmente "realizada", usando uma palavra moderna. Ela é uma *mulher,* em todos os sentidos dessa grandiosa palavra. Cada um dos talentos que ela recebeu de Deus foi desenvolvido e colocado em atividade. Sua personalidade não está sendo esmagada. Ela não é arrastada pelos cabelos, de um lado para outro, por seu marido.

A figura bíblica é a de uma mulher livre, submetendo-se alegremente à autoridade de seu marido e vivendo alegremente para ele. Ela está profundamente envolvida no projeto sensacional de descobrir tudo que Deus planejou para a mulher, quando a criou para ser auxiliadora de seu marido. Ela não é auxiliadora apenas no aspecto do trabalho físico, como lavar a roupa, mas também na resolução de problemas e tomada de decisões. De fato, ela o ajuda de todas as maneiras possíveis. Seu marido utiliza ao máximo a ajuda dela. Mas, se precisarem tomar uma decisão crucial, e ela disser: "Acho que não devemos mudar", e ele, por sua vez, disser "Acho que devemos", a decisão final cabe a ele; a ela cumpre submeter-se. Se, depois de cada fator haver sido considerado e discutido totalmente, ele disser: "Sim", ela sabe que a decisão já está tomada. Isso é submissão. Não significa impossibilidade de falar, sugerir ou mesmo persuadir (de maneira submissa). Significa que o marido assume a responsabilidade final do lar e que a mulher está disposta a aceitar esse fato.

Alguém precisa ter a palavra final. Alguém precisa ser responsável diante de Deus pelas decisões da família. Onde todos são "os responsáveis" não há, na verdade, nenhum responsável. Toda e qualquer organização deve ter um ponto em que a corrente da responsabilidade é interrompida. No lar, que é uma organização, essa corrente não pára na esposa, e sim no esposo. O trabalho dele é supervisionar tudo, certificando-se de que tudo funcione como Deus diz que deve funcionar; e sua esposa deve ajudá-lo a fazer isso.

Como administrador, seu marido arca com grandes responsabilidades. Talvez a mais difícil e desconcertante de todas elas seja a de dirigir você! Pense nisso por um pouco. Se você acha difícil se submeter, pense na função de seu marido. Ele deve dirigir você. Será possível? Será possível dirigir uma mulher? A resposta é sim. Essa resposta se acha nesta mesma passagem – Efésios 5, mas deve esperar até ao capítulo seguinte para ser esclarecida. A pergunta, nesta altura, é simplesmente esta: apesar de seu marido assumir ou não a sua responsabilidade, ó mulher crente, você é submissa? Diante de Deus você tem a responsabilidade de ser submissa.

Você deve ser submissa, ainda que seu marido não cumpra seu papel. O apóstolo Pedro deixou isso bem claro em sua primeira epístola (capítulo 3). Consideraremos isso em detalhes adiante. Quer seu marido faça a parte dele, quer não, Deus exige que você seja submissa a seu marido, em tudo, como ao Senhor. A única exceção a essa regra ocorrerá se seu marido exigir que você faça algo que transgrida diretamente um mandamento claro de Deus. Então, ele deixa de agir com a autoridade de Deus. A sua resposta deve ser semelhante a dos discípulos quando foram proibidos de pregar: "Antes, importa obedecer a Deus do que aos homens". Duas autoridades em conflito são mencionadas: a autoridade de *Deus* e a autoridade do *homem*. Naquela altura dos acontecimentos, o Estado não usou sua autoridade dada por Deus; usou a autoridade humana. A autoridade de Deus nunca se contradiz. Quando surgem tais conflitos, há duas autoridades em choque, e não apenas uma. Deus não age contra a sua própria autoridade.

Consideremos, por exemplo, o casamento de duas pessoas não-crentes. Elas eram realmente "da pesada" e costumavam praticar o casamento coletivo. Mas, agora, um deles se tornou crente. Vamos supor que tenha sido a mulher. Certa noite, o marido incrédulo lhe diz: "Vamos fazer uma troca de casais hoje à noite". Ele está lhe pedindo que transgrida um mandamento claro de Deus: "Não adulterarás". Com uma atitude de submissão, ela deve recusar tal sugestão. Ela deve obedecer a Deus e não ao homem. Essa exceção não é desculpa para que as mulheres recusem submeter-se a seu marido. Você nunca deve usar a exceção dessa maneira. Ela se aplica somente quando o caso envolve uma transgressão flagrante da lei de Deus. Mas essas ocasiões são raras.

O que Deus exige não é fácil; os pecadores procuram fugir das exigências divinas. Mas, pela graça de Deus, você pode experimentar as satisfações de uma mulher verdadeiramente libertada. Quando você aprender a ser a auxiliadora submissa a seu marido, essas alegrias serão suas. Você pode conhecer a liberdade de viver dentro da estrutura de Deus. Por que não experimentar tudo isso?

Quadro de Avaliação da Esposa

Sou realmente submissa, disposta a orientar minha vida em direção a meu esposo e viver para ele? Nos espaços abaixo, mencionamos cinco áreas que servem como modelos. Faça um teste para ver se tem demonstrado submissão em cada uma delas, anotando o exemplo de submissão que se aplica a cada área.

Áreas	Exemplos
Tarefas caseiras	
Disciplina de filhos	
Relações sexuais	
Relações sociais	
Trabalho do marido	

Se você foi incapaz de completar com sucesso essa tarefa, talvez precise reconsiderar seu papel como esposa. Talvez seja necessário arrepender-se e confessar pessoalmente o erro a seu marido. No espaço abaixo, aliste mudanças que você pensa Deus deseja que você faça em sua vida.

CAPÍTULO 7

Liderança amorosa

No capítulo anterior, vimos que os temas de Efésios 5.22-33 podem ser destacados por meio de duas perguntas: marido, você ama tanto a sua esposa que está pronto a morrer por ela? Mulher, você ama tanto seu marido que está pronta a viver para ele? Paulo fala primeiramente às mulheres e, depois, se dirige aos homens. Seguimos a orientação de Paulo. Assim, vamos considerar agora a primeira pergunta e suas implicações para a família cristã. Qual é a relação entre o marido e a mulher?

A moeda tem dois lados. Um dos lados é a submissão. A mulher deve se submeter ao marido como a igreja se submete a Cristo. Paulo afirma isso de três maneiras diferentes, tão direta, clara e explicitamente que não podemos escapar da obrigação. Deus coloca essa responsabilidade sobre toda mulher crente, para seu próprio bem e o bem de seu marido. A bíblia afirma que ela deve se submeter a seu marido como "cabeça", como Cristo é o "cabeça da igreja" (v. 23). Com base nisso, Paulo passa a explicar o significado dessa liderança e das obrigações que ela acarreta:

> *Maridos, amai vossa mulher, como também Cristo amou a igreja e a si mesmo se entregou por ela, para que a santificasse, tendo-a purificado por meio da lavagem de água pela palavra, para a apresentar a si mesmo igreja gloriosa, sem mácula, nem ruga, nem coisa semelhante, porém santa e sem defeito. Assim também os maridos devem amar a sua mulher como ao próprio corpo. Quem ama a esposa, a si mesmo se ama. Porque ninguém jamais odiou a própria carne; antes, a alimenta e dela cuida, como também Cristo o faz com a igreja; porque*

> *somos membros do seu corpo. Eis por que deixará o homem a seu pai e a sua mãe e se unirá à sua mulher, e se tornarão os dois uma só carne. Grande é este mistério, mas eu me refiro a Cristo e à igreja. Não obstante, vós, cada um de per si também ame a própria esposa como a si mesmo, e a esposa respeite ao marido (Ef 5.25-33).*

Se à esposa parece difícil obedecer aos mandamentos de Deus, ela deve considerar que, em comparação com as palavras de Paulo dirigidas ao marido, a submissão é algo relativamente simples. Uma coisa é aprender a se submeter a outra pessoa. Isso é difícil; é contrário à nossa natureza. Não gostamos de nos submeter; o velho homem (ou mulher) interior se rebela. No entanto, comparado com o que Jesus Cristo exigiu do marido, o destino da mulher crente é bem suave. A outra face da moeda é a liderança. Ele ordenou ao marido que seja exemplo de sua autoridade sobre a igreja. Pense nisso! Uma coisa é a esposa ser exemplo da igreja em seu relacionamento com Cristo. Esse relacionamento deveria ser perfeito, mas todos sabemos que está longe de ser. Contudo, a liderança de Jesus Cristo, ao contrário da obediência tão defeituosa de sua igreja, é perfeita. É perenemente apropriada e correta. É sempre sábia. Sempre incorpora tudo que Deus ordenou. E você, marido, deve exemplificar isso. Essa é a tarefa que Deus impôs ao marido.

Obviamente, é uma tarefa muito difícil. É grande demais para seres humanos pecaminosos e fracos. Você é incapaz de cumprir esse mandamento. Somente à medida que o Espírito de Deus opera em sua vida, você pode começar a aproximar-se da liderança amorosa que o Senhor exerce sobre a sua igreja. No entanto, você não deve almejar qualquer coisa inferior a isso em seu relacionamento com sua esposa. Deve imitar a Cristo em toda a sua maneira de viver. Ser semelhante a Jesus Cristo no relacionamento com sua esposa é uma ordem gigantesca a cumprir. Você deve ser o cabeça de seu lar, incluindo sua esposa, como Cristo é o cabeça da igreja. Quando você falha, não falha apenas em relação à sua esposa; falha também em representar o amor de seu Senhor pela sua igreja. Por isso, sua tarefa é tão solene. Quando você deixa de refletir a Cristo em seu casamento, prejudica o nome dele. Você foi chamado para revelar a Jesus Cristo mediante a liderança que exercer em seu lar.

Deus impôs seus mandamentos tanto sobre o marido quanto sobre a mulher; a obrigação de cumpri-los não é maior em nenhum dos casos. O papel da mulher

Liderança amorosa 131

depende do mandamento de Deus, e isso também se aplica ao papel do marido. A mulher crentes não deve esquecer suas obrigações, nem descuidar delas, dizendo que somente o marido recebeu a tarefa de revelar a Jesus Cristo no casamento. Ambos devem revelar a Cristo em algum sentido e, sem dúvida alguma, devem obedecer-lhe pelo cumprimento de todos os seus mandamentos. A distinção é unicamente quanto aos papéis. No entanto, devido à distinção de papéis, quando um marido falha, ele turva a imagem de nosso Senhor de um modo especial que é impossível à mulher. A autoridade de Cristo no lar, por exemplo, está centralizada no marido. Não está centralizada na mulher ou nos filhos. Deus depositou sua autoridade para a família no marido. Ele tem a responsabilidade de exercer essa autoridade e deve exercê-la apropriadamente, de modo que honre a Cristo. A esposa não tem esse tipo de responsabilidade. Assim, há um sentido vital em que, de um modo muito particular, o marido exemplifica a Jesus Cristo pela maneira como exerce autoridade no lar ou deixa de fazê-lo. Portanto, quando o marido fracassa, ele apresenta, de maneira deplorável, uma imagem distorcida de Cristo para as outras pessoas.

Examinemos a responsabilidade que foi colocada sobre os ombros do marido. Como crente, ele é responsável diante de Deus pela liderança de sua família. Ele é o cabeça do lar. Ser o cabeça significa ser o líder. Não significa apenas exercer autoridade. Não significa apenas usar o uniforme e ter o direito de dar a palavra final. Significa tudo isso, mas também significa assumir as responsabilidades que acompanham essa autoridade. O marido deve viver à altura da responsabilidade de liderança que corresponde à sua posição de cabeça do lar. Na realidade, ele deve dirigir o lar.

Um líder é líder em essência e não apenas em nome. Ele possui mais do que poder exterior; possui também poder interior. Assim, o marido é responsável por tudo que acontece em seu lar. No lar, não deve acontecer nada que ele não saiba. Não deve acontecer a seus filhos nada que escape à sua vigilância e sobre o que ele não tenha a última palavra. A esposa não deve ensinar, fazer ou falar qualquer coisa no lar que ele desaprove. Essa é a autoridade da liderança a que ele foi chamado. Naturalmente, é difícil exercer tal liderança. E foi nesse ponto que paramos no capítulo anterior. O cabeça do lar deve controlar seu lar, incluindo a esposa. Essa é a mais árdua de todas as tarefas! Como é que alguém controla uma mulher? Essa pergunta continua aguardando resposta.

Observe, em primeiro lugar, que, como cabeça

do lar, o marido deve governar bem a sua casa. Em 1 Timóteo 3.5-7, mencionado brevemente antes, Paulo alista as características de homens que devem levar uma vida digna do pastorado. Os presbíteros devem ser exemplos para todo o rebanho. Vejam o que Paulo diz sobre esses homens. O presbítero deve ser, entre outras coisas, alguém que "governe bem a sua própria casa". Ele preside ou administra o seu lar, "criando os filhos sob disciplina, com todo o respeito". E Paulo continua: "Pois se alguém não sabe governar a própria casa, como cuidará da igreja de Deus?" Em três passagens, as Escrituras chamam o marido de "administrador" de sua casa. Uma das passagens é esta que agora consideramos. No versículo 12, também se exige dos diáconos que sejam bons administradores de sua casa e de seus filhos. É desnecessário comentar os vários tipos de pessoas que constituem uma casa. Uma casa pode incluir empregados, tutores, governantes e assim por diante. O fato é que o marido deve presidir todas as pessoas e atividades. E os filhos são especialmente mencionados. Portanto, a casa deve estar sob o controle do marido. Ele é o cabeça de todos os que vivem em sua casa. Paulo mostra especificamente, em Efésios 5, que o marido é o cabeça não somente dos filhos, mas também da esposa (v. 23). A função do marido é assumir a liderança.

No capítulo anterior, vimos que exercer autoridade não significa esmagar os talentos e dons da esposa. Não significa tomar decisões sem consultá-la, bem como aos filhos; não significa deixar de dar-lhe o poder de tomar decisões ou de fazer qualquer coisa por si mesma. O quadro que a Bíblia apresenta é exatamente o contrário. Um bom administrador sabe como fazer seu pessoal trabalhar. Um bom administrador sabe como manter seus filhos e sua esposa igualmente ocupados. Com certeza aquele homem assentado entre os juízes, à porta da cidade, era um bom administrador. Reconhecera em sua esposa todo tipo de capacidade, toda espécie de talentos recebidos da parte de Deus e havia estimulado sua esposa a desenvolvê-los e utilizá-los. Ela estava usando esses talentos e capacidades para benefício de seu marido e de sua família. Um bom administrador faz isso. Ele toma bastante cuidado para não negligenciar ou destruir as capacidades de sua esposa. Pelo contrário, ele as usa ao máximo. O bom administrador reconhece que Deus lhe deu a esposa como sua auxiliadora. Ele lembra a passagem que diz: "O que acha uma esposa acha o bem". Não considera sua esposa alguém que precisa ser arrastado pela vida afora. Pelo contrário, ele a vê como uma bênção de Deus, útil, prestimosa e maravilhosa. Ela é uma auxiliadora, e, como tal, o marido lhe permitirá que o auxilie. Ele a estimulará a ajudá-lo.

Um administrador focaliza sua visão em tudo que acontece em sua casa, mas não faz tudo sozinho. Pelo contrário, examina a situação como um todo e mantém tudo sob controle. Sabe tudo que está acontecendo, sabe como tudo está acontecendo; e, somente quando é necessário, ele intervém para mudar, modificar ou ajudar de alguma maneira. Obviamente, isso não significa que ele jamais assume suas próprias responsabilidades. É claro que o faz. Especialmente em nossos dias, a tarefa do marido como administrador é importantíssima. Se a administração era algo importante no lar, hoje ela é muito mais importante; ganhou muita importância em nossos dias.

Em épocas passadas, o marido vivia dentro de sua comunidade. Trabalhava próximo de sua casa. Usualmente, vinha almoçar em casa. As viagens não eram tão comuns como hoje. Agora os maridos saem de casa e trabalham no centro de uma cidade grande, voltando para casa tarde, à noite, quase à hora de dormir. Fazem isso cinco vezes por semana e vêem pouco a família, exceto nos fins de semana. Até nas áreas rurais a situação mudou. Papai vem almoçar em casa, mas os filhos estão na escola de tempo integral e, às vezes, não vêm almoçar. Por toda parte, as pessoas andam em automóveis e já não se vêem tanto como em tempos passados. Assim, o marido, permanecendo fora do lar por tanto tempo e sem contato com a família, precisa esforçar-se ao máximo para inteirar-se do que está acontecendo no lar, por meio de sua mulher. Ele deve conversar regularmente com sua esposa sobre esse assunto. Deve conversar sobre o que está acontecendo com a família. Deve certificar-se de que tudo está acontecendo como deveria e tomar resoluções para corrigir o que estiver errado. Apesar das condições da sociedade atual, Deus não isentou os maridos de suas responsabilidades. Estas podem ser agora mais difíceis de exercer, mas, apesar disso, os pais contemporâneos são tão responsáveis e necessários quanto seus pais o foram no passado. Por isso, eles devem pensar mais em sua família e exercer fielmente sua função administrativa no lar.

Liderar a família significa cuidar para que todos os membros da família recebam o melhor tratamento. Bem-estar físico, alimentação, roupa, moradia – tudo que normalmente chamamos de necessidades – deve ser providenciado. No entanto, essa provisão não constitui a principal área de fracasso entre os maridos. O ponto em que eles mais falham, a área em que sua liderança tende a desintegrar-se mais seriamente e em que achamos os maridos deveriam ser mais zelosos, quando exercem

Liderança amorosa 137

sua liderança, é esta: o culto familiar, o estudo das Escrituras em família, a oração doméstica, a freqüência da família às atividades da igreja, o testemunho da família à sua comunidade, a relação direta que a família deve ter com Deus para cumprir o serviço ao qual ele os chamou, como indivíduos e como família. Você espera ver grande zelo em treinar os filhos no conhecimento e nos caminhos do Senhor. No entanto, é justamente aqui que os maridos fracassam mais lamentavelmente. Com grande freqüência, a mulher é o único estímulo para que a família se ocupe dessas coisas. É ela quem estimula essas atividades. Ela tem necessidade de dizer constantemente a seu marido: "Vamos à igreja hoje à noite?"

Na igreja de Jesus Cristo, a liderança nessas áreas pertence freqüentemente à mulher e não ao marido. Isso é, ao mesmo tempo, uma usurpação e uma abdicação da responsabilidade. Essa inversão de funções tem conseqüências funestas. Pense no que ela produz nas crianças. Como é que as crianças aprendem? O que elas aprendem? Aprendem muito pelo exemplo. Aprendem que a igreja é para mulheres. Aprendem que os homens podem viver sem a igreja. Aprendem que o cristianismo não é uma religião muito masculina; é ótima para mulheres e crianças, mas é um artigo opcional para os homens – como se o cristianismo fosse pouco masculino!

Isso faz parte dos problemas atuais. Os homens de hoje têm a idéia de que o cristianismo não é uma religião para homens, sob aspecto nenhum. Há muitos homens que crescem com essa visão do cristianismo. Os quadros em que pintores retratam a Cristo mostram-no como um indivíduo fraco e quase feminino. Obviamente, o Cristo dos artistas jamais teria suportado os dias anteriores à sua morte, especialmente aquela última noite. Cristo não era um fracote qualquer! No entanto, esses quadros, contemplados ano após ano, geração após geração, destruíram o conceito de um Cristo másculo e viril.

Os defensores do evangelho social contribuíram para aumentar o problema. As suas apresentações de um poltrão não se originaram com o Salvador másculo que veio morrer na cruz por seu povo, que lutou contra o Diabo, que conquistou a vitória e rompeu as cadeias da morte. Seus pontos de vista distorcem grosseiramente o lado masculino do cristianismo. Esse tipo de cristianismo efeminado combina bem com o que ouvimos nas músicas do álbum *Jesus Cristo Superstar*. Ao longo de todo o álbum, Jesus ouve a seguinte pergunta: "Quem é você? Quem é você?" Não há uma resposta máscula. Não há ressurreição, não há vitória; nada dessa obra representa acuradamente a figura poderosa que combateu e venceu o último inimigo. Ele permanece entre os mortos,

Liderança amorosa

derrotado. Ele duvida de sua própria pessoa. Cristo é focalizado como se fosse algo menos do que o homem real e o verdadeiro Deus, que ele era. As Escrituras o apresentam como homem e Deus – não apenas como homem. Como homem ele cresceu numa carpintaria, antes do advento das ferramentas elétricas. Deve ter criado músculos e braços fortes. Certo dia ele entrou naquela área do templo onde os cambistas profanavam a adoração a Deus e os expulsou dali. Derrubou as mesas e soltou os pombos, mas o povo não lhe resistiu. Não há nenhuma indicação de que, nessa ocasião, a falta de resistência por parte dos cambistas surgiu por causa de poder miraculoso. Pelo contrário, a passagem parece indicar exatamente o oposto. O poder e a autoridade de um *homem* que agia corretamente diante de Deus, foi isso que eles viram e diante do que tremeram e fugiram, pois Cristo era um homem. Você não consegue ler Mateus 23, que descreve a repreensão de Jesus dirigida repetidas vezes aos escribas e fariseus nestes termos: "Ai de vós, escribas e fariseus hipócritas!", sem vê-lo como um homem que enfrentava abertamente o pecado, com toda a masculinidade de alguém que tinha o poder de uma vida sem pecado. Essa masculinidade também é demonstrada em sua compaixão. Cristo era um homem que não tinha vergonha de chorar por causa da morte de um amigo que ele amava profundamente. Cristo era um *homem*. Pais que procuram imitar a autoridade de Cristo devem ser homens.

O cristianismo é uma religião masculina. Tem um Salvador que foi tão humano, que chegou a entregar-se à morte. Ele não temeu a morte. Apesar de todos os horrores da cruz, as torturas físicas envolvidas e a agonia de ser rejeitado por Deus, Ele resolveu firmemente ir para Jerusalém. Seguiu sempre em frente para receber ali, sobre si mesmo, a culpa e a penalidade da ira de Deus em favor de seu povo. Aqueles que depositam sua confiança em Jesus acham vida por meio de sua morte. Ele era um homem, um homem que amava tão profundamente que se dispôs a dar sua própria vida em favor de seu povo, sua igreja, que é representada pela esposa crente. Em Efésios 5, o tipo e o antítipo estão tão intimamente ligados na mente de Paulo, que, no fim do capítulo, ele é forçado a explicar: "Grande é este mistério, mas eu me refiro a Cristo e à igreja". Em sua mente, Paulo unira os dois pensamentos de tal modo que tinha a tendência de uni-los também quando escrevia.

A liderança do marido deve refletir a liderança de Cristo sobre a igreja, no amor de Jesus Cristo por sua igreja. Portanto, liderança não consiste apenas de autoridade. Também não é aquele tipo de liderança em que apenas uma pessoa assume responsabilidades. É uma liderança *amorosa*, tão profundamente influenciada pelo amor de Jesus Cristo que, ao fim de algum tempo, o marido é capaz de amar sua esposa como Cristo amou a igreja, ou seja, ao ponto de morrer por ela.

Observe que Paulo, ao dizer que "o marido é o cabeça da mulher, como também Cristo é o cabeça da igreja", está falando do tipo de liderança que Cristo exerce sobre a igreja. Veja o que diz Efésios 1.22, que se refere à liderança de Cristo sobre a igreja. Se o marido deseja saber qual o aspecto de sua liderança conjugal que se assemelha à liderança de Cristo sobre a igreja, pode descobri-lo neste versículo. Efésios 1.22 afirma: "E [Deus] pôs todas as coisas debaixo dos pés e, para ser o cabeça sobre todas as coisas, o deu à igreja, a qual é o seu corpo". Em outras palavras, todas as coisas dadas a Jesus Cristo lhe foram dadas visando à sua igreja. E ele exerce a lidcrança para bênção e benefício da igreja. O poder, a autoridade, a glória, a honra e a liderança que Cristo tem, à direita do Pai, lhe foram dados para que ele os exerça e os utilize, como Mediador, para a sua igreja. Sua liderança é orientada para a igreja. A igreja é o corpo de Cristo. A cabeça alimenta o corpo, nutre o corpo, cuida do corpo. A cabeça não procura apenas cuidar de si mesma, mas sempre se preocupa com o corpo. Sempre envia as mensagens que trarão restauração e oferecerão segurança e bem-estar às várias partes do corpo. A cabeça cuida do corpo e o preserva.

A liderança de Jesus Cristo envolve uma profunda preocupação pela igreja. Esse é o tipo de liderança que o marido é chamado a exercer sobre a sua mulher. Ele é o cabeça da esposa como *Cristo é o cabeça* de sua igreja. E isso significa que o marido não exerce uma liderança independente, permanecendo alheio, num pedestal elevado, enquanto sua esposa se ajoelha e arrasta a seus pés. Pelo contrário, é uma liderança que ministra à esposa, uma liderança que se interessa por ela. É uma liderança de amor que visa a tudo que um homem pode fazer por sua esposa. Cristo amou tanto a igreja que morreu por ela. Ele não lhe dará, portanto, todas as coisas? É claro que sim, disse Paulo. É assim que cada marido deve agir para com sua mulher. A Bíblia não permite uma liderança arbitrária e tirana. Liderança é amor, é dar-se de si mesmo.

O marido deixou de ser uma pessoa isolada; não pode mais viver para si mesmo. Nem mesmo a pessoa solteira deve fazer isso. O marido tem obrigações sérias para com sua mulher. Em todas as suas decisões, é dever (e alegria) do marido ter em vista sua mulher. Deve tomar decisões visando à sua mulher. Como Cristo age tendo em vista sua igreja, assim o marido deve agir, tendo em vista sua mulher. Deve cuidar dela. Deve amá-la profundamente, como Cristo ama sua igreja. A própria liderança, que à primeira vista poderia parecer algo ofensivo para a mulher, acaba se tornando algo benéfico e glorioso.

Em seguida, Paulo fala que o marido deve amar a mulher como a si mesmo, na verdade como ao próprio corpo. A igreja é o corpo de Cristo, que é a cabeça; e a mulher é semelhante ao corpo. Paulo diz aos maridos que a mulher é como o corpo deles. E baseia seu argumento no Antigo Testamento, citando Gênesis 2.24. Sua afirmação é que o homem, ao deixar pai e mãe e unir-se à sua mulher, torna-se com ela uma só carne. Esse relacionamento é tão íntimo que amar a esposa é amar a si mesmo. Sempre que o marido faz algo por sua esposa, isso afeta a ele mesmo. Sua esposa é tão íntima dele, tão parte dele como se fosse seu próprio corpo. É isso que Paulo quer ressaltar. É por isso que ele diz: "Assim também os maridos devem amar a sua mulher como ao próprio corpo. Quem ama a esposa, a si mesmo se ama". O relacionamento é tão íntimo que, ao ferir a esposa, o marido pode ferir a si mesmo. Por outro lado, ele ajuda a si mesmo quando ajuda sua esposa. Isso é verdade em diversas maneiras. Uma esposa feliz significa um marido feliz. O marido que ama sua esposa recebe amor de volta.

Paulo continua: "Porque ninguém jamais odiou a sua própria carne; antes, a alimenta e dela cuida, como também Cristo o faz com a igreja". As duas palavras gregas mais ternas que Paulo poderia usar são encontradas neste versículo: alimentar e cuidar. O marido sabe alimentar seu corpo e cuidar dele, não? Alguma coisa escorrega, e João corta seu braço com uma ferramenta. O sangue começa a sair, e ele corre ao armário de remédios. Lava cuidadosamente a ferida, cuida dela, tratando-a com atenção e carinho. Pode passar os seis dias seguintes dispensando cuidados e atenção ao braço ferido! Supostamente, as mulheres são mais *capazes* de suportar a dor do que os homens. Estes sentem mais as dores e parecem saber como cuidar e tratar de seus ferimentos!

No entanto, poucos homens sabem como tratar sua esposa com cuidado e carinho. Pedro também se refere a essa necessidade (1 Pe 3.7): "Maridos, vós, igualmente, vivei a vida comum do lar, com discernimento; e, tendo consideração para com a vossa mulher como parte mais frágil, tratai-a com dignidade". Observe: o marido deve tratar de sua esposa com carinho, porque ela é "mulher" ou, em outras palavras, é feminina. É isso que Pedro está dizendo. Os maridos não devem esperar que sua esposa aja como homens. Quando maridos reclamam que sua esposa não é suficientemente feminina (uma reclamação bastante comum), devem perguntar a si mesmos se tratam-nas como mulheres. O marido deve levar em conta o papel da mulher e o seu próprio papel. Ele deve ser carinhoso, delicado e compreensivo para com ela, ao cumprir seu papel, enquanto cuida para que ela desempenhe corretamente seu papel para com Deus e seus filhos. Para ser compreensivo, o marido deve tentar se envolver na situação da esposa e encarar, tanto quanto possível, o que ela está enfrentando do ponto de vista de mulher. Isso é algo difícil de conseguir, mas é o que significa ser compreensivo com outra pessoa: tentar *viver na pele da pessoa*. Naturalmente, a pele não vai servir perfeitamente. No entanto, o marido deve tentar entender o que significa ser mulher, diz Pedro.

É difícil para o marido entender o que acontece quando a esposa está menstruada e fica um pouco irritada e melancólica. Isso é algo difícil para o marido. Ele não entende o problema porque não tem o problema. No entanto, deve esforçar-se ao máximo para entender e tratar sua esposa com delicadeza nessas ocasiões. E a esposa pode ajudar explicando. É difícil para o homem entender o que significa ficar em casa com as crianças durante todo o dia, todos os dias, trocando fraldas de manhã, à tarde e à noite. De vez em quando, é bom o marido trocar meia dúzia de fraldas, embora a única razão para fazê-lo seja obter um pouco mais de compreensão. De vez em quando, é bom o marido ficar em casa com as crianças e deixar a esposa sair, para ele se tornar um pouco mais compreensivo. O marido precisa entender o papel da esposa; este é um bom princípio para o administrador de qualquer organização. Se você dirige um negócio ou é líder em uma igreja, deve andar algum tempo na pele das pessoas que você lidera, para entender seus problemas. É isso que Pedro diz que os maridos devem fazer.

Há algo mais envolvido neste assunto e que vem à tona em Colossenses 3.18-19. Esses dois versículos são um resumo do que Paulo disse em Efésios 5: "Esposas, sede submissas ao próprio marido, como convém no Senhor. Maridos, amai vossa esposa e não a trateis com amargura". Como é fácil para o marido ficar amargurado com sua esposa! Você pode dizer: "Por que ela não faz as coisas do meu jeito? Por que não aprende a se pentear mais depressa e a cuidar de tudo com mais rapidez? Por que eu sempre tenho de ficar aqui sentado no carro, esperando? Por que ela me faz chegar atrasado a todas as reuniões? Estou sempre pronto muito antes do horário. Por que ela nunca fica pronta na hora certa?" Os maridos podem ficar muito amargurados por coisas assim. É verdade que você deve ajudar sua esposa a aprender a aprontar-se no horário, mas não deve ficar amargurado se ela não conseguir. Você começará a vencer o problema da amargura quando começar a entendê-la. Não deve ficar amargurado com ela sempre que ela fizer algo de errado, somente porque *você é quem comanda o espetáculo.* Pelo contrário, você deve perguntar a si mesmo: "O que tenho feito de errado? O que devo fazer para reparar os meus erros?" Você é responsável pelo lar (incluindo sua esposa). Compreenda: fazer com que a família chegue a determinados lugares na hora certa é parte de sua responsabilidade. A resposta pode surgir se você perceber quanto tempo é necessário para dar banho em quatro filhos e vesti-los. Nesse caso, você pode decidir ajudá-la, em vez de ficar sentado no carro, esquentando a cabeça e buzinando sem parar!

Gostaria de perguntar-lhe, marido, se você se importa com sua mulher pelo menos tanto quanto se importa com seu corpo. Se ela tem um problema, você, realmente, se importa? Você toma tempo para escutá-la? Quando ela se preocupa com alguma coisa, você também se preocupa? Quando ela está triste, você consegue estar feliz? O relacionamento mais íntimo entre seres humanos é o relacionamento marido-mulher. Com toda certeza o amor exige cuidado e interesse para manter esse relacionamento íntimo e amoroso.

O que é o amor? Paulo nos mostra o que é o amor. O amor é dar – dar de si mesmo a outrem. Não é receber, como o mundo diz hoje. Não é sentimento e desejo; não é algo incontrolável. É algo que fazemos um pelo outro. Ninguém ama abstratamente. Amor é uma atitude que se expressa em algo que acontece de modo real, tangível. Observe na passagem de Efésios 5 que "Cristo amou a igreja e a si *mesmo se entregou por ela*" (v. 25). João 3.16 diz: "Deus amou o mundo de tal maneira que *deu* o seu Filho unigênito". Em Gálatas 2.20, lemos: "Cristo... me amou e a si mesmo se *entregou* por mim". "Se o teu inimigo tiver fome, dá-lhe de comer; se tiver sede, dá-lhe de beber." "Fazei o bem aos que vos odeiam." O amor não é, primariamente, um sentimento, e sim uma entrega de alguém a outra pessoa.

O cinema distorceu o amor, a televisão o distorce, e a música o distorce. Em toda a parte, hoje o amor é considerado algo que acontece por acaso. "Não pude evitar", disse o rapaz que criou sérios problemas para si mesmo e para uma moça no interior de seu automóvel. "Não pude evitar." Ele estava centralizado em *sentimentos*, e não em *amor*. Estava motivado por *desejos*, e não por *amor*. O amor sempre está sob controle. Foi ordenado. Cristo ordena: "Ame seus inimigos!" Você não pode ficar sentado "fabricando" bons sentimentos por seus inimigos. O amor não surge assim. Mas, se você *der* comida ao seu inimigo ou lhe *der* algo para saciar a sede, logo começará a acontecer algo em seus sentimentos. Quando você investe sua vida noutra pessoa, começa a se sentir diferente em relação a ela. Os sentimentos devem ser baseados em algo firme. Os sentimentos que se originam e se desenvolvem da entrega de si mesmo são genuínos e duradouros. Mas, como base para o amor, os sentimentos são muito instáveis. O que acontece quando o amor simplesmente acontece? O que acontece com uma terceira pessoa? Os sentimentos não são dignos de confiança: num dia, sobem; no dia seguinte, descem. Nem sempre os sentimentos estão sob controle, mas o verdadeiro amor sempre está. A Bíblia *ordena*: "Amarás o Senhor, teu Deus, de todo o teu coração, de toda a tua alma, de todo o teu entendimento e de toda a tua força; e amarás o teu próximo como a ti mesmo". E, na passagem de Efésios, o marido é ordenado a amar sua mulher.

Certo esposo e sua esposa vieram a uma consulta de aconselhamento. Ela disse: "Não sei por que viemos. Somos um caso perdido". Ele concordou: "Não nos amamos mais". E lá permanecem sentados. É óbvio que eles haviam perdido qualquer sentimento de amor que talvez tivessem. Em casos assim, as pessoas esperam que o conselheiro lhes diga: "Bem, acho que isso encerra o caso. Se vocês não se amam mais, não há esperança". Mas o que dizemos é o seguinte: "Sinto muito ouvir isso. Creio que vocês terão de aprender como amar um ao outro". Eles ficam admirados. "O que você quer dizer com aprender a amar um ao outro? De que você está falando? Isso é ridículo!" Não, não é ridículo. Seis ou oito semanas mais tarde provavelmente sairão do gabinete de mãos dadas, tendo, ao mesmo tempo, amor e sentimento, se levarem as coisas a sério. Compreendam, o amor não vem, como crêem os tolos, soprado da cabeça de Vênus. O amor deve crescer. Tem de ser regado, tratado e cuidado. Deve ser cultivado. Tem de ser limpo das ervas daninhas. O amor tem seus problemas, mas o verdadeiro amor pode crescer e tornar-se grande forte quando cultivado como Deus ordena.

Marido, se não há amor em seu lar, a culpa é *sua*. A responsabilidade pelo amor no lar recai, principalmente, não sobre a esposa (obviamente, ela deve demonstrar amor), e sim sobre o marido. Compreenda, marido, você tem de amar sua esposa *como Jesus Cristo ama* sua igreja. Observe o que diz 1 João 4.19: "Nós amamos [isto é, *a igreja;* lembre que a esposa reflete a igreja – a igreja ama] porque ele [Jesus Cristo] nos amou primeiro". É assim que começou meu amor por Cristo. Não foi porque a igreja era tão amorosa e digna de amor que Jesus não teve outra escolha, senão a de amá-la. Pelo contrário, enquanto éramos "inimigos", enquanto éramos pecadores, enquanto éramos rebeldes, vis e criaturas repugnantes aos olhos de Jesus, ele nos amou – e deu sua vida por nós! Ele olhou para nós com amor, apesar de tudo, e resolveu colocar sobre nós o seu amor. Ele nos escolheu e nos amou, sem haver qualquer coisa em nós que nos recomendasse a ele.

Marido, se o amor esfriou em sua família, você deve tomar providências quanto a isso. Se você procura imitar o amor de Jesus Cristo por sua igreja, cabe a você iniciar esse amor. Você não pode alegar: "Não posso amá-la, porque ela não me ama". Jesus nos amou quando não tínhamos o menor amor por ele. Você é o cabeça de seu lar. Se há pouco ou nenhum amor nesse lar, a culpa é sua. Deus o considera responsável por introduzir amor em seu lar. Você deve fazer isso *dando.* Você deve dar seu tempo, seu interesse, seu dinheiro e a si mesmo. Planeje agora fazer algo específico (concreto) para sua esposa em cada dia desta semana. Comece agora.

Não importando quanto você dê, é possível que

sua esposa não retribua seu amor. Mas, apesar disso, pode haver amor em seu lar. Seu amor por ela pode permear tudo. Marido, se o seu lar é frio e estéril, você tem a responsabilidade primária de mudar a situação. Nesta passagem de Efésios, a esposa não recebe a ordem de amar seu marido; recebe a ordem de submeter-se. O marido recebe a ordem de amar sua esposa. Medite nisso, marido. Você tem uma tarefa difícil. Mas, para honrar a Cristo e refletir seu amor, o marido não deve falhar. Contudo, o fato de que marido é responsável pela manutenção do amor no lar não isenta a esposa de amar. Esposa, se o seu marido não a ama, apesar disso, você deve demonstrar amor por ele.

"Espere um pouco", você dirá. "Você nos falaria sobre como controlar a esposa. Você dedicou todo este espaço a outros assuntos, mas não disse uma única palavra sobre como controlar a esposa". Eu já lhe disse. Se você não pôde entender isso, deixe-me explicar com mais clareza. Paulo nos mostra como controlar nossa esposa, quando nos diz que devemos "amá-la". *Ame* sua esposa. É assim que você controla uma mulher. Você deve amá-la. Ela é feita para isso. Quando estiver sendo profundamente amada, ela estará totalmente sob controle. Ame sua esposa. Se você não acredita, experimente.

Quadro de Avaliação do Esposo

Sou o verdadeiro cabeça de meu lar?

A resposta a estas perguntas simples poderão ajudá-lo a decidir.

1. Sei o que acontece em meu lar todos os dias?

2. Dirijo as coisas que acontecem em meu lar? Estou guiando realmente a minha família na direção que ela deve seguir?

3. Posso guiar meus filhos e minha esposa?

4. Amo realmente minha esposa (dando-me a ela), como devo fazê-lo? Eis duas maneiras como fiz isso hoje:

A. _____

B. _____

5. Lidero minha família com responsabilidade?

Se você não se saiu bem nesta avaliação, precisa reconsiderar todo o seu padrão de vida. Nos espaços abaixo, aliste dez modos específicos pelos quais você pode começar a mostrar amor à sua esposa. Então, comece a mudar hoje, fazendo uma dessas coisas.

1. _____

2. _____

3. _____

4. _____

5. _____

6. _____

7. _____

8. _____

9. _____

10. _____

CAPÍTULO 8

Disciplina com dignidade

Filhos, obedecei a vossos pais no Senhor, pois isto é justo. Honra a teu pai e tua mãe (que é o primeiro mandamento com promessa), para que te vá bem, e sejas de longa vida sobre a terra. E vós, pais, não provoqueis vossos filhos à ira, mas criai-os na disciplina e na admoestação do Senhor (EFÉSIOS 6.1-4).

Não podemos considerar esses versículos em

detalhes, visto que há muito a ser dito sobre o problema da disciplina no lar. Bons relacionamentos familiares entre pais e filhos pecadores não são desenvolvidos naturalmente. Exigem muito esforço. Há tanto a ser dito sobre cada aspecto desse relacionamento, que é difícil fazermos mais do que uma abordagem superficial do assunto. Trataremos de toda a questão do ponto de vista dos pais, de acordo com as palavras que Paulo lhes dirige no versículo 4, e talvez diremos algumas coisas a qualquer jovem que leia este livro.

A primeira pergunta que surge de imediato, ao observarmos o versículo 4, é esta: por que Paulo se dirigiu aos *pais*? Por que não se dirigiu às mães? Não são as mães que, desde o princípio da vida dos filhos, exercem sobre eles mais influência do que os pais? Não são elas que passam mais tempo com os filhos? Não são as mães que agüentam o mau comportamento dos filhos durante o dia inteiro e se tornam símbolos de disciplina no lar, todos os dias, todos os momentos? Em nossa sociedade, as pessoas não mais vivem numa pequena comunidade, papai não vem almoçar em casa e fica fora o dia inteiro, e mamãe passa mais tempo com os filhos do que ele. Então, por que não se dirigir às mães ou, pelo menos, incluí-las?

Há pelo menos duas razões pelas quais Paulo se dirige aos pais. Uma delas talvez seja que os pais têm

Disciplina com dignidade

um problema todo especial com o assunto que Paulo destaca: provocar os filhos à ira. Mas esse não é o fator principal. Quando Paulo se dirige aos pais, também *está* falando às mães. A razão pela qual se dirige aos pais é que estes são responsáveis por aquilo que as mães fazem. Ao dirigir-se aos pais, ele se dirigia àqueles que Deus investiu de sua autoridade para disciplinar. O pai é o cabeça do lar. O pai é, em última análise, aquele que deve responder a Deus por tudo que acontece no lar. Já discutimos isso nos dois últimos capítulos. Observamos, por exemplo, que Paulo diz que o marido deve "governar bem a própria casa" e criar os filhos sob disciplina, com todo o respeito (1 Tm 3.4-5).

Mas nem sempre o pai administra diretamente a casa. Em grande parte, ele deve disciplinar os filhos por meio de sua esposa. Nos tempos do Novo Testamento, o pai podia usar um servo ou um tutor em sua casa; hoje, ele pode dar parte de sua autoridade a um professor crente. Há várias maneiras pelas quais ele pode governar sua casa. Mas, no todo, o pai tem que permanecer no controle e estar ciente de tudo quando acontece. Para Deus, *ele* é o responsável. Assim, quando Paulo diz "pais", não fala apenas aos pais. Ele fala aos pais sobre a sua responsabilidade de cuidar para que seus filhos sejam treinados de maneira apropriada.

Certamente isso significa que os próprios pais devem assumir uma parte significativa da responsabilidade direta no treinamento de seus filhos. Várias passagens dão uma indicação clara de que é exatamente isso que Deus espera. Em Deuteronômio 6, por exemplo, os pais são, mais uma vez, destacados como aqueles que devem responder a quaisquer perguntas que seus filhos possam ter quanto à fé (cf. 2 Tm 1.5; Tt 2.3-5). Os pais não devem apenas responder perguntas; devem, além disso, ensinar seus filhos acerca de Deus. Devem inculcar em seus filhos as leis, as ordenanças e os mandamentos de Deus, explicando-os. Devem ensinar os filhos não apenas de modo formal, mas também de maneira informal: ao deitar, ao levantar, ao caminhar – em resumo, em todas as circunstâncias da vida. Devem extrair seu ensino do ambiente em que vivem. A Bíblia retrata freqüentemente o pai com alguém que passa tempo com seus filhos, ensinando-o de maneira formal e informal. Assim, por serem chamados de administradores, os pais não estão isentos de um ensino pessoal e direto. No entanto, o pai não pode fazer tudo pessoalmente. Em última análise, o pai é responsável por toda a disciplina, por todo o treinamento e por todos os relacionamentos de seu lar. É sobre o pai que Deus lança toda a responsabilidade pelo que acontece em seu lar. É por isso que Paulo se dirige aos pais.

Tomemos, por exemplo, a situação em que o pai é membro de uma igreja, mas a esposa e os filhos são membros de outra. Na igreja do pai, a Bíblia é ensinada e crida; na igreja da mãe, não. A mãe sustenta uma igreja que não crê na Bíblia, e os filhos estão sendo instruídos na doutrina liberal. O pai está fracassando em assumir a liderança daquele lar. Ele precisa tomar providências para unir a família. Deve insistir em que a instrução de seus filhos seja bíblica.

O que o pai deve fazer para disciplinar seus filhos? No aspecto negativo, Paulo diz em primeiro lugar: "Não provoque os filhos à ira". O pai deve esforçar-se para evitar que ele, sua esposa ou qualquer outra pessoa da família provoque os filhos à ira. Na passagem correspondente, em Colossenses 3.21, é instrutivo comparar a palavra usada em lugar de "ira". Juntar as duas dará uma noção mais exata do que Paulo queria comunicar. Em Colossenses, Paulo escreveu: "Pais, não irriteis os vossos filhos, para que não fiquem desanimados". A palavra irritar (exasperar) significa retirar o ar existente em alguma coisa. Como diríamos hoje, significa "cortar o barato dos filhos". Não tirem o ânimo dos filhos!

Em conjunção com a idéia de ira, que se insere e ajusta perfeitamente, exasperar os filhos é uma descrição exata do que acontece freqüentemente em nossos dias. Na verdade, a exasperação irada descreve de maneira clara a atitude de rebelião que dominante muitos jovens de nossos dias. Eles estão exasperados com seus pais. Já desistiram de entendê-los. Freqüentemente, expressam seus sentimentos em consultas de aconselhamento com afirmações como: "Para que eu me importar?" Por fim, eles rejeitam a disciplina como algo totalmente inútil. Irados, voltam as costas e os ouvidos contra os pais e fecham o coração. *Ira* misturada com *exasperação* são duas palavras que descrevem melhor a atitude contemporânea. A juventude perdeu a esperança em relação à disciplina paterna, desistindo dela e rejeitando-a com profundo desgosto.

O que provoca isso? Por que os filhos desistem? O que provoca os filhos à ira? Observe que este versículo se refere à disciplina. Por trás de tudo isso está a disciplina errada. Quando um filho conclui que já recebeu bastante desse tipo de disciplina, acaba desistindo. É claro, o jovem não tem desculpas que o permitam ser provocado à ira e à exasperação. No entanto, a tentação é forte, pois toda disciplina é difícil, e a disciplina não-bíblica é especialmente difícil de ser recebida. O fato é que a exasperação ocorre com freqüência quando os filhos não são disciplinados de maneira bíblica.

Falta de disciplina

O fato mais interessante que surge em conversas com esses jovens é que não é a disciplina em si mesma, nem primariamente o excesso de disciplina; antes, é a falta de disciplina que exaspera os jovens mais do que qualquer outra coisa.

Vamos considerar por que isso é verdade. Tomemos um exemplo. Regras não anunciadas antes e só comunicadas depois que o filho as transgride provocam exasperação. Isso não é disciplina. Suponha que os pais digam ao filho: "Se você fizer tal coisa, vai apanhar!" Mas acontece que, no dia seguinte, ele faz tal coisa e não é punido. Qual o resultado? Não há coerência na disciplina. Quando as regras mudam de um dia para o outro, o filho não sabe em que se firmar. Quando as regras são aplicadas apenas à base dos caprichos dos pais, o filho fica confuso. Essas regras não são regras verdadeiras. Tendem a provocar exasperação. Não são claras. Os castigos não são conhecidos. Os limites não são definidos. Quando a disciplina muda diariamente, os filhos jogam tudo para o alto e dizem: "O que adianta tentar observar as regras? Nunca sabemos quais são elas!" Você não ficaria exasperado com um jogo se as suas regras mudassem diariamente? No entanto, é assim que muito da suposta disciplina é realizada. Com freqüência, esse tipo de disciplina também se acha em lares cristãos.

Hoje, Maria volta para casa trazendo uma bela flor que apanhou para mamãe perto do riacho. Entra correndo pela cozinha, que acabara de ser lavada. Maria não olhar para o chão, mas somente para o rosto de sua mãe, que ela espera ver brilhar de prazer e alegria. Mas mamãe não vê a flor. Vê apenas a lama espalhada pelo chão da cozinha. Maria é arrasada e destruída verbalmente. Qual é a reação dela? "Tentei ser gentil com mamãe, e ela quase acabou comigo!" Mamãe reconsidera suas ações naquela noite. "Eu quase a joguei para fora da cozinha a pontapés; ela não merecia isso." Mamãe poderia ter-se redimido do erro, admitindo sua falha para com Maria e acertando as coisas. Mas não o fez, e isso pode produzir resultados adversos. No dia seguinte, Maria pode fazer algo realmente grave. Pode mentir, responder à sua mãe com rebeldia ou algo semelhante. Mas, por ter castigado Maria com exagero ontem, hoje mamãe deixa-a sem castigo por sua falta.

É precisamente com esse tipo de disciplina que nossos filhos estão sendo criados e sobre o qual começam a perguntar: "O que adianta?" Eles começam a somar dois mais dois e descobrem que o resultado é cinco. Pensam, então: "Hoje quase matam você por causa de nada, mas amanhã você faz coisas horríveis e não recebe o menor castigo. Você nunca sabe quais serão as conseqüências; nunca pode saber quais são os limites; nunca sabe quais serão os castigos. De que vale tudo isso? Afinal de contas, você pode fazer o que quiser". Dessa maneira, os jovens perdem a confiança em mamãe (ou papai). Eles ficam exasperados por causa dos limites mudados constantemente.

Por que os pais vivem mudando os limites? Por que mantêm tudo em constante mudança? Em parte porque são preguiçosos. Não querem dedicar-se à disciplina, planejar com antecipação e assim por diante. A disciplina exige esforço. No entanto, o que ainda é mais significativo é que a disciplina também exige mudanças nos pais. Os pais, em sua maioria, desistem muito depressa. Se dizem algo hoje e não vêem mudanças imediatas, desistem. Podem permanecer fiéis a uma regra e a seu castigo por dois ou três dias, mas, se essa atitude não produz mudanças, concluem que nunca haverá mudanças. Esquecem que, ao tentarem estabelecer um novo padrão em sua própria vida (como fazer um regime), isso exige, às vezes, um longo tempo. Esperam que os outros sejam pacientes com eles, caso falhem a princípio. Mas esquecem isso quando lidam com seus filhos. Assim, depois de dois ou três dias em que tentam algo novo (quando, talvez, precisariam de duas ou três semanas para isso começar a produzir efeito), desistem e resolvem tentar algo diferente (por mais dois ou três dias, é claro). Depois, ficam tentando descobrir por que nada funciona. Podemos deixar algo bem claro a esta altura: disciplinar um filho requer muito tempo. Exige também regras definidas e aplicadas coerentemente. Disciplina incoerente é disciplina sem limites reais; é uma disciplina que sofre mudança constante.

Os jovens querem regras, querem saber quais são os limites. Filhos que foram tratados de maneira incoerente são trazidos com freqüência a aconselhamento. Conversamos com eles, acompanhados dos pais, e, por fim, propomos: "Sugiro que escrevamos tudo isso. Sugiro que escrevamos um código de conduta. Você conhecerá as regras e os castigos pela violação de cada uma delas. Você saberá de antemão exatamente o que acontecerá. Também ajudaremos seu pai e sua mãe a cumprirem o código fielmente. Se você souber que seu pai e sua mãe permanecerão realmente fiéis ao código, isso não será melhor do que o tipo de disciplina que tem agora?" Invariavelmente, eles respondem: "É claro que sim!" E, quando conseguimos implantar a verdadeira disciplina, os filhos suspiram de alívio. Eles sabem em que situação se acham. E podem dizer a seu pai ou a sua mãe: "É isso que vocês prometeram fazer!" Podem manter os pais dentro do código de conduta também!

Disciplina com dignidade 165

Os jovens precisam saber em que base estão, não apenas em relação a seus pais, mas também em relação a outros jovens. Mais do que um jovem já nos disse em uma entrevista de aconselhamento: "Sabe, vou lhe dizer uma coisa: não há nada mais legal do que saber quais são os limites. Quando a turma quer fazer algo errado, e sou tentado a acompanhá-los, posso simplesmente dizer-lhes: sei o que meus pais farão comigo, se eu fizer isso; estou fora disso!" Os jovens ficam agradecidos por algo assim. Ficam alegres por serem capazes de saber quais são os limites. Evidentemente, isso não é verdade quanto a todos os jovens. Mas qualquer pessoa que pense ao menos um pouco sobre isso, entenderá as vantagens. Irregularidade, incoerência, limites indefinidos, falta de credibilidade – esse é o primeiro problema. (No final deste capítulo, há um Código de Conduta, que você poderá usar para estabelecer o programa em sua própria família. Não o comece se não pretende levá-lo adiante coerentemente. Entretanto, por que você não faria isso?)

Mas há outras razões pelas quais os pais exasperam os filhos. Às vezes, o problema é a disciplina incoerente devido ao excesso de regras. Isso pode parecer excesso de disciplina, mas não é. Compreenda que, se você tiver inúmeras regras, como alguns pais as têm, poderá pensar que está fazendo um bom trabalho na área da disciplina.

Mas, quando você vive acrescentando regras, virá finalmente a tornar-se um policial ou (o que é mais provável) deixará de aplicar muitas dessas regras. Qualquer das opções é ruim. Quando há muitas regras, você precisa vigiar o tempo todo, procurando cada infração de cada regra. O cumprimento de cada regra deve ser verificado, ou não valerá a pena o estabelecimento das regras. Na verdade, estabelecer regras cujo cumprimento não é verificado é pior do que não estabelecê-las. Quando um pai deixa de verificar o cumprimento das regras, demonstra que não leva o assunto a sério. Demonstra que não é digno de confiança. Ele talvez aplique algumas regras algumas vezes (normalmente, quando sua paciência já se esgotou), mas ninguém sabe qual será a regra ou quando isso acontecerá. Essa situação é muito instável para um filho. Ele nunca pode determinar quando virá o castigo.

Uma vez que você determine certa regra, toda vez que ela é violada, você precisa ficar ciente disso e executar o castigo definido. Quando você tem 25 ou 30 regras, é necessário que passe o dia inteiro investigando, para verificar se as regras estão sendo violadas. Você não tem tempo para qualquer outra coisa! No entanto, se você estabelecer três regras (duas seria ainda melhor) e observá-las fielmente, não demorará muito para que seus filhos adquiram a idéia certa. Eles saberão que, se

Disciplina com dignidade

uma regra for estabelecida, ela será obedecida.

Você pode ensinar melhor disciplina e obediência se aplicar de modo apropriado uma única regra, e não 25 regras que jamais poderão ser aplicadas. Logo que obtiver resultados com uma única regra, introduza outra. Agindo assim, você avançará mais depressa na disciplina.

Compreenda que o problema é que os pais têm boas intenções, mas acabam querendo envolver-se em coisas demais. E não conseguem lidar com tudo que arranjam. Por isso, provocam seus filhos à ira. Falam bastante sobre disciplina, mas não seguem as regras do jogo. Como você se sentiria se, cada vez que fosse jogar damas com seu filho, ele mudasse as regras? Um pensamento exasperante, não é?

O Senhor deu apenas Dez Mandamentos para toda a vida. No Jardim do Éden, havia apenas uma regra. A obediência estava centralizada naquela regra, e a penalidade foi claramente definida. Adão e Eva receberam a ordem de não comer de uma árvore. De todas as outras árvores podiam comer, mas aquela árvore lhes foi proibida. Uma só regra. A penalidade também foi definida: "Porque, no dia em que dela comeres, certamente morrerás". Antes do pecado, Deus havia dito: "Não façam isso! Se o fizerem, esta será a conseqüência". E, quando ocorreu o pecado, o homem recebeu todo o castigo. O homem morreu. O mesmo aconteceu quando os israelitas entraram na Terra Prometida. As regras, as penalidades e as recompensas foram bem definidas no montes da Bênção e da Maldição. As bênçãos de Deus pela obediência foram expressas, e as maldições pela desobediência foram definidas explicitamente. Tudo foi preparado com antecedência. Deus lhes disse que, se transgredissem, seriam dispersos entre as nações. Avisou-lhes que terrível cerco aconteceria e advertiu-lhes que sua cidade seria destruída. Deus falou essas coisas aos israelitas com muita antecedência. Eles sabiam exatamente quais seriam as penalidades e por que elas viriam. Isso aconteceu *antes* do povo entrar na terra de Canaã. Por fim, os israelitas fracassaram e receberam as maldições, exatamente como Deus lhes avisara de antemão.

Com freqüência extraordinária, as regras e os castigos aparecem no ardor da batalha. Essa não é a hora certa para estabelecer regras. Quando Maria entrou correndo pela cozinha recém-lavada, com a sua flor e os pés sujos de barro, mamãe ficou tão furiosa que gritou: "Você não vai poder sair de casa por uma semana!" A quem ela castigou? Ela não executaria esse castigo. Se chegasse a cumprir sua ameaça por três dias, isso já seria surpreendente. Para começar, não foi um castigo justo. Também não foi inteligente. A criança não poderia mesmo esperá-lo, porque não fora definido antes. Surgiu no ardor da batalha – tarde demais. Que infelicidade!

Outra razão para a falta de disciplina é a autoridade dividida. Marido e mulher que discordam quanto a várias regras e castigos fazem isso apenas porque nunca aproveitam o tempo de trégua, antes dos conflitos. Em vez disso, eles esperam até ser tarde demais, quando um está mais furioso do que o outro, e o marido (ou a mulher) quer descarregar a ira em cima do filho. O outro cônjuge vê a injustiça e intervém de algum modo. Caos e confusão! É claro que isso pode não acontecer. Talvez nenhum dos dois tenha razão. Novamente, pode haver duas idéias diferentes de castigo, que nunca foram discutidas e avaliadas. Seja como for, há apenas uma solução válida para o problema da autoridade dividida: juntos, os pais devem planejar com antecedência o que farão. Se não fizerem isso, em vez de aplicarem o castigo merecido e justo para o erro cometido pelo filho, permitirão que a desobediência às regras provoque divisão entre os pais.[1]

Os filhos são espertos. Percebem claramente quando os pais não estão em harmonia entre si.[2] Com

---

1 Para obter ajuda mais completa, ver: Adams, Jay. Conselheiro capaz. São José dos Campos, SP: Fiel, 2008.
2 Freqüentemente, quando pais e filhos interrompem a comunicação mútua, é essencial que os pais resolvam seus problemas primeiro, para alcançarem os filhos (evidentemente, agradar a Deus é a principal razão

freqüência, começam a aproveitar desse fato e a criar seus próprios caminhos. Aprendem a impor sua vontade, jogando um cônjuge contra o outro. No entanto, esse mesmo resultado tende a desanimar aos jovens. Quando seus pais discordam, a disciplina insuficiente surge e se estabelece. Embora os filhos sejam, eles mesmos, parte do problema, ficam infelizes com o resultado. Nos casos em que, mesmo depois de toda a discussão, os pais não chegam a um acordo, a esposa deve submeter-se ao marido. Ela nunca deve contradizer o que o pai determinou. É vital que ela mostre respeito à autoridade que Deus outorgou a seu esposo, diante dos filhos.

A incapacidade de enfrentar biblicamente uma situação em que duas famílias vivem sob o mesmo teto provoca muitas vezes a divisão. Os avós podem querer estabelecer sua própria autoridade e suas próprias regras. Podem querer desconsiderar as regras estabelecidas por seus filhos. Isso não pode ser permitido. Deus constituiu o marido como cabeça do lar, incluindo os avós que venham a residir ali. Uma família resolveu esse problema

---

para corrigirmos a nossa própria vida). Quando não houve disciplina por causa de autoridade dividida, a diferença que os filhos mais percebem é a unidade e o novo relacionamento que existe entre os pais, demonstrado numa disciplina aceita por ambos, justa e aplicada de modo coerente. Muitas vezes, essa mudança é, por si mesma, um testemunho eficaz para filhos cheios de dúvidas e desligados dos pais.

estabelecendo áreas de moradia e padrões de vida distintos na mesma casa. Outra família pode considerar isso uma coisa impossível e achar que precisa haver concordância quanto a determinar áreas de moradia e padrões de vida comuns. Na maioria dos casos, algo das duas opiniões deve ser levado em conta.

Quando os filhos vivem na casa dos pais (geralmente, um mau arranjo), pode haver conflito constante de todos os tipos de autoridade. Mas é a casa e o lar do avô, e ele tem o direito de dizer o que quer e o que não quer (dentro de limites bíblicos) em seu próprio lar. Se os filhos querem criar os netos de maneira diferente da que os avós julgam apropriada, devem escolher entre as opções bíblicas. Não podem brigar e discutir por causa dessa diferença de opiniões. Isso torna a vida mais confusa para todos. Os filhos têm apenas duas opções: podem tentar persuadir os pais de que sua maneira é a melhor ou, se isso falhar, devem deixar a casa dos pais. Não há terceira opção.

Métodos à base de frustração (em vez de métodos "com todo o respeito") causam problemas. Se mamãe, por exemplo, decide que vai usar o método do "berro" para disciplinar, criará frustração e caos em toda a família. Em pouco tempo, ela descobrirá que isso não dá resultado. Se ela começa usando certo volume de grito, logo descobrirá que as crianças podem aprender a viver ao lado de uma cachoeira sem ouvir o seu barulho. Assim, ela precisará aumentar o volume dos gritos, para obter atenção. (uma criança disse a um amiguinho que a visitava: "Não precisamos obedecer enquanto mamãe não gritar com sua voz de raiva"). Depois de algum tempo, esse volume se torna "normal", e ela é forçada a aumentar mais o volume. Esse volume funciona por algum tempo, até que acaba por se nivelar. Ela continuará a aumentar o volume e a intensidade até que – fica sem voz! Isso decreta o fim do método do "berro". E não haverá mais esperança; o método do "berro" nunca mais funcionará. É a disciplina com respeito que funciona. Normalmente, o método do "berro" é acompanhado por um nível de frustração crescente, que deixa mamãe quase louca. Por fim, esse método acaba fazendo-a passar por tola aos olhos dos filhos. Eles ficam infelizes, exasperados e acabam por desistir. Assim, a falta de disciplina é a primeira tentação para que os filhos fiquem exasperados e irados.

Excesso de disciplina

Em certos casos, o excesso de disciplina também pode levar os filhos à ira. Alguns crentes têm reagido à permissividade em nossa sociedade, mas a reação tem sido má. A Palavra de Deus é o padrão de vida do crente. Ela é sempre equilibrada, nunca extrema. A reação desequilibrada se deve a um raciocínio pendular, que normalmente leva a um extremo mau. Os pais devem *agir* biblicamente, e não *reagir* sem equilíbrio. Os pais concluem acertadamente que precisam cuidar melhor da questão da disciplina. Assim, alguns passam severamente ao outro extremo. E os extremos são antibíblicos.

Por exemplo, papai descobre que deve ser o cabeça do lar e está investido da autoridade de Deus. Então, veste seu uniforme, dá um brilho nos botões de metal do casaco, na estrela presa ao peito e no distintivo do quepe. Depois, vai exibir sua farda, balançando seu cassetete de policial. Ocasionalmente – só para a turma lembrar – ele dá pancadas pequenas de cassetete na cabeça dos filhos. Esse uso arbitrário da autoridade de Deus é um grande erro. Exibir autoridade sempre é errado. Falar dessa autoridade, quando não há razão para isso, muitas vezes conduz a um uso errado. O exercício da autoridade pelo simples prazer de exercê-la mostra que o pai é incapaz de reconhecer que recebeu a autoridade visando ao benefício do filho. Essa asseveração de autoridade provoca com freqüência o estabelecimento de regras tolas e excessivamente rígidas. Se os mandamentos de Deus não são pesados (cf. 1 Jo 5.3), por que os nossos mandamentos deveriam ser pesados?

Outra área em que os pais "desligam" inconscientemente os filhos é no culto familiar. Estes são freqüentemente dirigidos como se visassem *apenas* aos filhos. O culto familiar deve visar à família e não apenas aos filhos. Em vez de dar a impressão de que a leitura da Bíblia e a oração são apenas para crianças, de vez em quando um ligeiro debate sobre a aplicação de uma passagem bíblica à vida, por parte do papai e da mamãe, pode ter um grande efeito em mostrar o lugar vital que a Palavra de Deus deve ter no desenvolvimento prático da vida diária em um lar cristão.

Quanto a isso, devemos notar que os filhos precisam ver as diferenças de opinião entre os pais. Todos os desentendimentos não devem acontecer a portas fechadas. Mas os filhos precisam ver também como os pais resolvem *de maneira cristã* esses desentendimentos. Em caso contrário, os pais falharam em ensinar seus filhos a solucionar os problemas do matrimônio à maneira de Deus.

Acompanhando o excesso de disciplina, surge freqüentemente a injustiça no castigo. Pais muito disciplinadores usam marreta para pregar tachinhas. Os filhos têm a tendência de ficar exasperados com esse tipo de tratamento. Essa atitude dos pais produz castigos tolos ou inapropriados. Um pai excessivamente disciplinador nunca aprendeu a distinguir as coisas. Por exemplo, imaginemos que um filho comece a responder aos pais. Sempre que ele usar linguagem atrevida com os pais, isso deve ser desestimulado. Esse filho precisa ser disciplinado. Deve ser ensinado que isso é desonroso para os pais e um pecado diante de Deus. Não deve ser ensinado apenas verbalmente, mas também com castigo físico. Mas, como fazê-lo? Bem, em primeiro lugar, o pai deve certificar-se de que não exagerará no castigo. Se não o fizer, talvez aconteça que, além de desestimular respostas atrevidas, o pai também desestimulará qualquer tipo de conversa. Talvez desestimulará a comunicação vital; e isso é a última coisa que um pai deve fazer. Assim, por um lado ele deve desestimular, resolutamente, respostas atrevidas; mas, por outro lado, o pai nunca deve desestimular a discussão genuína, que inclui apresentar razões, explicações e informações sobre as quais o filho se sinta motivado a falar. Os pais podem entender mal certas situações. Novas informações podem fazer diferença. O filho pode ter um argumento realmente bom e deve ter oportunidade de expressá-lo.

Quando o filho tiver algo a dizer, deve ser encorajado a fazê-lo (no espírito certo, é claro). Por que os jovens desistem? Por que as comunicações são interrompidas? O que leva os jovens a isolar seus pais, recusando-se a conversar com eles? Isso acontece muitas vezes porque os pais se recusam a ouvi-los. Quando lhes é negado o acesso aos pais repetidas vezes, os filhos são tentados a reagir negativamente. Eles dizem: "O que adianta?" Desistem e dizem, exasperados: "Vou conversar com outra pessoa". Portanto, os pais devem aprender a distinguir entre a resposta atrevida, que precisa ser silenciada, e a comunicação válida, que precisa ser estimulada.

"Como posso distinguir entre as duas coisas?", você pergunta. É difícil fazer essa distinção. Mas, por que você tem de tomar essa decisão? Deixe que os próprios filhos façam a distinção entre as duas coisas. Ponha a responsabilidade sobre os ombros deles, logo que tiverem idade suficiente para entender a distinção. Mesmo filhos mais novos podem cooperar, usando um sinal para anunciar a verdadeira comunicação. Você pode dizer: "Por que não combinamos uma frase ou um gesto pelo qual você pode nos mostrar que tem algo importante a dizer?" Você pode usar qualquer frase ou gesto que quiser, mas, se lhe falta imaginação, tente a frase clássica: "Escute aqui". Sempre que um filho inicia uma declaração com essas palavras, numa situação de disciplina, ele deve saber que será ouvido. Além de oferecer ao filho a atenção dos pais, essa providência oferece aos pais alguns segundos para reduzir a marcha, diminuir o ritmo e pensar no que está por vir. E o melhor de tudo é que isso põe sobre o próprio filho a responsabilidade de distinguir entre as duas coisas. E é ele quem deve resolver. É claro que você precisa adverti-lo de que esse privilégio não deve ser mal empregado. Ele não pode usar esse privilégio atrevidamente. Não pode falar de modo pertinaz ou retaliatório. Esse privilégio é destinado a manter livres os canais da comunicação e deve ser usado somente com esse propósito.

Outra área em que o excesso de disciplina entra em cena é na importância de aprender a distinguir entre o que deve ser aplicado como regra e o que o filho deve aprender por si mesmo. Quando um filho chega àquele momento da vida em que está pronto a aprender a usar um balanço, este exerce sobre ele uma atração tremenda. Ele quer aprender, mas parece ser ainda incapaz de andar com segurança! No entanto, o balanço é tudo para ele. E mamãe fica imaginando: "Será que devo permitir que este menino, que mal sabe andar, brinque neste balanço?" Ela não quer permitir. Sabe que, se o fizer, o menino arranjará uns galos, cortes e arranhões. Haverá derramamento de sangue; felizmente, não muito. Assim, mamãe tenta adiar tanto quanto possível, mas o inevitável acaba acontecendo. O que ela faz quando chega o dia fatídico? Se ela for sábia, colocará o filho no balanço, lhe mostrará como balançar-se e assim por diante. Ficará com o menino até que ele pegue o jeito do negócio; mas, finalmente, terá de sair dali. Não poderá permanecer junto ao balanço pelo resto da semana. Aperta os dentes e espera pelo grito inevitável. Quando este vem – e virá inevitavelmente –, o garoto arranjou suas contusões. Ele também precisa aprender com os ferimentos.

Por outro lado, se este mesmo menino atravessa a cozinha correndo em direção à chama do fogão, para agarrar aquela "luz bonitinha", o que mamãe faz? Será que ela diz: "Deixe-o aprender sozinho?" É claro que não. Rapidamente, ela dá uma palmada na mão do menino e diz: "Não!" Para o bem do menino, ela o mantém à distância de qualquer perigo sério. Ele poderia queimar os sensíveis ligamentos de suas mãos e inutilizá-los para o resto da vida. Ela não ousa permitir que o filho pegue a chama.

Os pais precisam aprender a distinguir entre casos *de balanço* e casos *de fogo*. Lembre que é mais fácil fazer isso quando o filho tem pouca idade; mais tarde, será mais difícil. Pergunte a si mesmo: "Usar jeans e cabelos compridos é um caso de balanço ou um caso de fogo?" Você precisa fazer essa pergunta. Por outro lado, imaginemos que seu filho adolescente queira experimentar drogas. Isso será um caso de balanço ou de fogo? Há alguma diferença entre usar drogas e usar cabelos compridos? Por um lado, há alguns ferimentos que são necessários? Por outro lado, há fatores cruciais em que o pai deve intervir e dizer não?

Tomemos outro exemplo de excesso de disciplina: dizer não para tudo. Este é um assunto vital que deve ser considerado pelos pais. Às vezes, alguns pais fazem de qualquer coisinha uma batalha. Normalmente, esses pais dizem pouca coisa além de "não". Imagine que, todas as vezes que você se volta para seu cônjuge ou alguma outra pessoa, recebe como resposta apenas "não". Imagine que nunca há uma palavra de incentivo ou de apreciação. Imagine que essa pessoa nunca lhe diz: "Sabe uma coisa, você caprichou realmente neste trabalho!" Imagine que ela parece ver apenas as coisas erradas que você faz. Imagine que ele nunca o observa com olhos amorosos. Imagine que ele está sempre a corrigi-lo por uma coisa ou outra. E imagine que, cada vez que você lhe pede algo, ela acha um erro e sempre consegue introduzir a palavra *não* em todas as conversas. Depois de algum tempo, como você se sentiria?

No entanto, como você bem sabe, é exatamente assim que muitos pais agem com seus filhos. Não dizem nada a respeito das coisas boas que os filhos fazem. Deixam de estimulá-los totalmente. Pelo contrário, a atenção dos pais é atraída somente ao barulho, ao vaso quebrado, aos pés sujos e assim por diante. As coisas negativas atraem por si mesmas a nossa atenção; por isso, é mais fácil nos concentrarmos nas coisas negativas. Essa é, freqüentemente, a única orientação do pai. Ele está interessado em eliminar comportamentos errados à mesa e coisas semelhantes. Os pais crentes devem reconsiderar esse tipo de assunto. Não devem esquecer as ocasiões em que seus filhos obedeceram e fizeram o que é certo. Não devem deixar de notar as vezes em que os filhos não os deixaram embaraçados. Elogiar as coisas certas exige muito esforço – muito mais do que é necessário para condenar as coisas erradas.

É interessante notar que o mandamento dado aos filhos – "Honra a teu pai e a tua mãe" – é positivo. Não é um mandamento negativo, como: "Não furtarás", "Não matarás". Nem todos os mandamentos são negativos, apenas alguns deles. Este mandamento para os filhos não é negativo. É uma diretriz positiva: "Honra a teu pai e a tua mãe".

Outro fato interessante que Paulo destaca é que este mandamento é o primeiro mandamento acompanhado de uma promessa: "Para que te vá bem, e seja de longa vida sobre a terra". Há uma promessa, uma recompensa, um estímulo. Entre todas as pessoas, os crentes deveriam ser os primeiros a reconhecer e a utilizar recompensas e incentivos para ensinar disciplina a seus filhos.

Os partidários do behaviorismo falam de recompensas, mas, analisada com profundidade, a recompensa não é realmente uma recompensa. É um meio de manipulação. Não respeita a imagem de Deus na criança. No behaviorismo não há lugar para a obra do Espírito Santo no coração e na conversão da criança. Não há a menor consideração pela obra expiatória de nosso Senhor Jesus Cristo, que veio a este mundo derramar seu sangue em favor de seu povo. Há crianças, bem como adultos, que crêem em Jesus. Além de terem o coração purificado pela obra do Espírito Santo, as crianças continuam sendo objetos da atividade do Espírito Santo, que age nelas para que vençam a velha natureza pecaminosa, com a qual nasceram.

Além disso, o poder do Espírito Santo ajuda as crianças a buscarem os mandamentos de Deus até que consigam obedecer-lhes e recebam a recompensa prometida a essa obediência. Os behavioristas não têm interesse verdadeiro no indivíduo, no sentido bíblico da palavra. A mentalidade deles é coletiva. No entanto, falam (erroneamente) de recompensas, mais do que o fazem os crentes. O mandamento mostra a maneira pela qual o próprio Deus motiva os seus filhos. Ele o faz com uma promessa. Apresenta uma recompensa. As recompensas não excluem o castigo. Todavia, é interessante notar que a ênfase neste mandamento recai sobre a recompensa.

Talvez agora seja vital esclarecer que a disciplina com a vara é bíblica. O uso da vara é defendido em todo o livro de Provérbios. Os filhos devem ser disciplinados com a vara. "A estultícia está ligada ao coração da criança, mas a vara da disciplina a afastará dela." E, assim como deixamos de enfatizar a recompensa, assim também perdemos a ênfase bíblica quanto ao uso da vara. A vara é um castigo rápido e bondoso. Às vezes, os filhos questionam a palavra *bondoso*. No entanto, não há castigo mais bondoso do que a vara. A ênfase bíblica sobre o uso da vara não permite que os pais causem ferimentos, fraturas e coisas semelhantes nos filhos. Não é esse o alvo do mandamento. Mas a vara aplicada cuidadosamente, com amor, sentido e propósito (com a medida certa de força), é a forma mais bondosa de castigo. Hoje, os prisioneiros passam longos anos na prisão. Falamos sobre a reabilitação, mas parece que não estamos chegando a lugar algum. Alguém pode perguntar se as 39 chicotadas não produziriam melhor resultado. Talvez o prisioneiro poderia ser libertado mais rapidamente para começar uma vida nova.

De qualquer maneira, ao discutirmos o assunto

Disciplina com dignidade 183

com os filhos, durante o aconselhamento, eles mesmos parecem apresentar-nos essa opinião. Quando têm o privilégio da escolha, preferem invariavelmente o castigo físico às longas torturas de privilégios perdidos durante vários dias ou semanas. Quem diz que o castigo na forma de perda de privilégios é mais bondoso? Isso é como submeter o filho à tortura de estiramento. Além do mais, dia após dia, papai e mamãe têm de manter uma atitude fria e negativa em relação ao filho. O filho está "no gelo". Seus pais se mostram alheios a ele por vários dias. Isso é, realmente, bondade? Isso é tortura.

É muito melhor submetê-lo à disciplina amorosa, através da vara. O uso da vara na região dos glúteos tem duas vantagens: primeira, oferece campo livre para disciplinar – é impossível o pai errar o lugar de castigo. Você dá uma pancada seca exatamente no lugar apropriado. Todavia, o mais importante é que o filho não coloque as mãos entre a vara e o lugar sobre o qual esta vai cair. A reação natural da criança é proteger-se com as mãos. Por isso, os pais precisam tomar cuidado para que os dedos do filho não acabem levando as pancadas. Mas o movimento da vara é mais rápido do que o das mãos. Assim, "ficar na posição" é uma medida de segurança. Alguns pais afirmam que a vara possui um efeito amoroso.

Falando com seriedade, uma disciplina rápida e bem dada não permite que surja, imediatamente, um relacionamento de ternura e afeição? O castigo acabou. Não há necessidade de deixar a criança "no gelo" durante vários dias ou horas. O filho grita, berra, esperneia e chora; depois, você o toma em seus braços. Ele já pagou sua pena. Tudo acabou. Esse é o método básico que Deus usa para castigar.

Disciplina e instrução

Efésios 6.4 contém uma segunda parte. É a parte positiva do versículo. Paulo adverte os pais a não provocarem os filhos à ira e a criá-los "na disciplina e admoestação do Senhor". Além de nos dizer o que não devemos fazer, Deus também nos diz o que devemos fazer e como fazê-lo. Deus ordena aos pais que disciplinem os filhos à maneira dele. Deus não deixou os pais frustrados ou entregues à sua própria engenhosidade. Os pais devem assumir sua responsabilidade nos princípios gerais que Deus apresenta aqui. As palavras "disciplina e admoestação do Senhor" descrevem o tipo de treinamento de Deus.

Em primeiro lugar, observe que a disciplina é de Deus. Toda autoridade genuína para o treinamento dos filhos procede de Deus – é "do Senhor". Mas, em segundo lugar, todo treinamento e disciplina devem ser a disciplina de Deus, à medida que refletem a disciplina que ele exerce sobre o pai, que é seu filho. Se você é um verdadeiro filho de Deus, será disciplinado por ele (ver Hb 12.5, ss.). Você vai apanhar. Se você não é filho de Deus, não receberá a disciplina do Senhor. Se você violou a aliança, um dia receberá a ira de Deus, por não ter entrado na maravilhosa aliança da graça de Deus. Mas, se você é um verdadeiro filho de Deus, receberá as bênçãos da disciplina do Pai celeste ainda nesta vida. Assim, os métodos disciplinares usados pelos pais crentes devem ser os mesmos usados por Deus. O pais devem usar o cuidado e a admoestação (ou disciplina e instrução). Esse é o tipo de disciplina que o próprio Deus usa. Em Deuteronômio 11.1, ele nos manda dar importância à sua disciplina. Estude-a, entenda-a, use-a.

Mas do que consiste precisamente essa disciplina do Senhor, esse cuidado e admoestação de que Paulo fala? A palavra "disciplina" significa treinamento estruturado. É uma disciplina com recursos para se impor. Esse treinamento consiste em estabelecer um programa, visando objetivos e usando métodos que conduzirão a esses objetivos. Exige esforço paciente, persistente e coerente, até que a disciplina produza um padrão correto de vida na criança. É treinamento apoiado pela vara; é treinamento apoiado pelo castigo. Mas é treinamento que também oferece recompensa pelo progresso genuíno. Envolve e exige um desejo consciente e um esforço calculado para mudar algo na vida de um filho ou implantar algo em sua vida. Este é o significado da primeira palavra. As Escrituras são o padrão para esse treinamento.

A palavra "admoestação" ou "instrução" significa ver algo que você sabe estar errado e precisa ser mudado na vida de um filho. Implica confrontar verbalmente o seu erro com a Palavra de Deus. Significa penetrar na vida do filho e atingir seu coração e sua alma, tentando realizar a mudança para seu benefício. Significa que o pai deve atrair o filho a aprender e a exercitar auto-disciplina. Enquanto a palavra "disciplina" fala sobre a disciplina exterior, exercida por outrem, a palavra "admoestação" visa a disciplina interior, que surge de convicções pessoais. A palavra se refere, literalmente, a colocar uma admoestação no coração e na mente do filho. Abrange mais do que simplesmente manipular o filho e estruturar sua vida neste ou naquele tipo de comportamento.

É neste ponto que Skinner e seus métodos de behaviorismo provam sua ineficácia. Os behavioristas "disciplinam" os filhos da mesma maneira como alguém treina um cachorro. O behaviorismo e a ética cristã são dois métodos inteiramente diferentes para treinar filhos. Os filhos (e a esposa) não podem ser treinados para rolar, latir duas vezes e sair para trazer o jornal na boca, como se faz com um cachorro. Os crentes devem interessar-se pelo relacionamento dos filhos com Deus e com eles mesmos, pais. É sobre isso que fala a palavra "admoestação".

No decorrer dos anos, a ênfase na disciplina deve sair da disciplina estruturada para a autodisciplina. Os pais devem servir como "técnicos" para os filhos, mas precisam aprender a deixar o jogo correr quando seus filhos já tiverem aprendido a assumir suas próprias responsabilidades. O programa *Aprenda Um/Ganhe Um*, no final deste capítulo, oferece um meio de estimular essa transição de modo específico.

Disciplina com dignidade envolve não apenas uma estrutura estabelecida para atingir certos objetivos. Isso é necessário, mas disciplina com dignidade também leva em conta a convicção pessoal da criança em fazer o que Deus ordena, considerando-a mais vital. Ela foi feita à imagem de Deus, e seu coração deve ser alcançado com a Palavra de Deus. A mensagem que fala de um Senhor cheio de amor, que veio e se entregou à morte em favor do homem deve tocar o coração de nossos filhos e levá-los ao arrependimento e à fé.

Os pais devem levar os filhos ao arrependimento, à convicção de que são pecadores e ao Salvador. Depois, devem prosseguir, mostrando-lhes o que Cristo deseja e continuando a motivá-los não somente com a vara, mas também com a cruz.

Deus faz muitas coisas para nos disciplinar. Muitos dos principais aspectos de sua disciplina perfeita já foram mencionados, em contraste com os erros da falta ou do excesso de disciplina. Mas, em resumo, queremos expressar o assunto desta maneira: Deus revela com clareza a sua vontade; apresenta as regras e diz qual será o castigo, antes de ocorrer qualquer infração. Quando ocorre a infração, ele aplica o castigo. Essa é a base de toda disciplina coerente, conforme mostrada na Palavra de Deus. Apesar de nossas falhas, por causa do pecado, devemos treinar cada vez mais nossos filhos seguindo o método de Deus.

Código de Conduta

Erro	Castigo	Por quem	Quando
Desobediência geral			

Nestes quadros, aliste as regras, castigos e métodos disciplinares combinados. Quando houverem chegado a um acordo escrito, mostre o código de conduta a seus filhos e explique-o a eles. Pergunte-lhes se têm dúvidas ou sugestões. Introduza quaisquer mudanças em que ambos (pai e mãe) concordam de coração. Vocês são a autoridade final e não precisam aceitar sugestões que não os impressionem como melhoramentos reais do código. Quando tudo estiver definido, o código deve ser posto em operação. Não aja com base em mais do que três regras de cada vez (duas pode ser melhor). Tome o cuidado de vigiar o cumprimento das regras e castigar todas as ofensas, uma por uma. Cópias do código, colocadas nos quartos e outros lugares apropriados, podem ajudar a memória de todos os participantes. Para obter maiores informações, ver o livro *Conselheiro Capaz* (Jay E. Adams, Editora Fiel, 2008), p. 180-184.

Programa Aprenda Um/Ganhe Um

10 _____

9 _____

8 _____

7 _____

6 _____

5 _____

4 _____

3 _____

2 _____

1 _____

Aprenda Um   Ganhe Um
(Realizações)   (Privilégios)

1 _____   2 _____

3 _____   4 _____

5 _____   6 _____

7 _____   8 _____

9 _____   10 _____

Em uma reunião de família, os pais devem explicar aos filhos o programa *Aprenda Um/Ganhe Um*. O princípio bíblico de que responsabilidade leva ao privilégio de maior responsabilidade é a base desse programa (ver Mt 25.21, 23, 29). Os pais devem pedir aos filhos que façam uma lista de privilégios que gostariam de receber. Dessa lista, cinco podem ser selecionados e escritos na coluna da direita, ao lado dos números 2, 4, 6, 8 e 10. Em seguida, os pais devem alistar na coluna da esquerda, ao lado dos números 1, 3, 5, 7 e 9, cinco responsabilidades (ou objetivos) que desejam que os filhos aprendam. (Talvez os pais prefiram combinar essas responsabilidades em conversa particular.) Ambas as listas devem partir do mais fácil para o mais difícil. Apresentar isso com antecedência permite que os filhos obtenha os privilégios num ritmo próprio. A possibilidade de subir os "degraus" até ao privilégio mais elevado e desejado, aos olhos de todos, oferece muitas vezes um forte incentivo. As responsabilidades devem ser *aprendidas* antes da concessão do privilégio. Isso significa que tais responsabilidades devem ser demonstradas durante um período de tempo específico. O processo de ascensão para um nível mais elevado pressupõe que as responsabilidades assumidas nos níveis anteriores continuam sendo demonstradas. Sempre que possível, os privilégios devem ser *combinados* com as responsabilidades, de modo que resultem destas e ofereçam base para elas.

CAPÍTULO 9

Como viver com um marido incrédulo

Na história da igreja, mulheres crentes casadas com maridos incrédulos sempre foi algo comum. O fenômeno certamente não é novo. Por ocasião da morte de Cristo, as mulheres permaneceram junto à cruz, enquanto a maioria dos homens fugiu. Este é um comentário muito interessante sobre as mulheres. A maioria dos discípulos se retirou, mas as mulheres ficaram. Você já se perguntou quem eram os maridos dessas mulheres e onde estavam? Foram as mulheres que chegaram primeiro ao túmulo de

Jesus na manhã do domingo da ressurreição. Assim, parece que, desde o princípio, a igreja enfrentou a situação de mulheres crentes casadas com maridos incrédulos. A situação ocorre com tanta freqüência que esperamos as Escrituras falem diretamente sobre o assunto. E, sem dúvida, elas falam mesmo.

A primeira coisa que deve ser esclarecida, antes de prosseguirmos, é que Deus não aprova o casamento de um crente com um descrente. Em 1 Coríntios 7.39, Paulo afirma que os crentes devem casar-se somente "no Senhor". Essa frase significa *dentro da* fé comum que os crentes têm no Senhor Jesus Cristo, a fé que os identifica como parte do corpo de Cristo. Assim, podemos dizer que ambos estão "em Cristo" ou "no Senhor". Nas Escrituras, nada abranda o mandamento firme e claro de que os crentes não devem se colocar em jugo desigual com os incrédulos. Os crentes só podem casar-se no Senhor, isto é, somente dentro da fé.

Assim, quando as Escrituras instruem uma esposa crente, casada com esposo descrente, não aprovam de maneira alguma o casamento de um crente com um incrédulo. Nesse caso, o que está sendo tratado especificamente é que um dos cônjuges incrédulos se torna crente. Isso não é uma situação incomum. Com muita freqüência, a esposa se torna crente antes do esposo.

A razão por que isso acontece é difícil de explicar. Há um fato interessante nas igrejas reformadas com as quais estou familiarizado: parece haver uma porcentagem elevada de homens nas congregações. Devemos ser gratos a Deus por isso. Deus está nos abençoando ricamente com esses homens. Outras igrejas enfrentam o problema que para elas é uma ameaça maior do que para as nossas igrejas. Apesar disso, todos precisamos saber o que Deus diz sobre este assunto. E, ao estudarmos o que Deus diz, podemos descobrir alguns princípios gerais sobre como testemunhar a incrédulos. Podemos aprender princípios vitais sobre como todos os crentes devem viver no lar. Nenhuma das recomendações pode ser isolada a apenas uma situação; os princípios contidos nela englobam toda a nossa experiência cristã. Por isso, embora este capítulo trata particularmente da situação de quem vive com um marido incrédulo, sua mensagem serve para todos nós. Maridos crentes que têm esposas incrédulas podem ser testemunhas eficientes para elas, assumindo as responsabilidades da "liderança amorosa" que foi comentada no capítulo 7.

É muito importante ressaltar o que a Bíblia exige do crente que vive com um cônjuge incrédulo, caso este queira continuar vivendo em relação de casamento com o crente. Um crente não pode abandonar seu cônjuge incrédulo. Deus insiste em que o crente deve continuar vivendo com o cônjuge incrédulo. Este é um mandamento claro na Palavra de Deus. Em 1 Coríntios 7.12-16, Paulo trata deste assunto: "Aos mais digo eu, não o Senhor". Com isso ele não queria dizer que falava sem autoridade proveniente do Senhor. O que ele havia dito antes era apenas um eco do que o próprio Jesus dissera a seus discípulos, durante seu ministério terreno. O que Paulo diz agora vai além das palavras de Cristo; ele trata de um assunto que Jesus não focalizou. As palavras de Jesus se referiam apenas às relações matrimoniais entre dois crentes, e não entre um crente e um incrédulo. No entanto, devemos lembrar que agora Jesus está falando por meio do apóstolo Paulo, que diz o seguinte:

> *Aos mais digo eu, não o Senhor: se algum irmão tem mulher incrédula, e esta consente em morar com ele, não a abandone; e a mulher que tem marido incrédulo, e este consente em viver com ela, não deixe o marido (1 Co 7.12-13).*

As palavras não poderiam ser mais claras. Se o cônjuge incrédulo deseja continuar o casamento, o marido ou a mulher crente não tem, diante de Deus, o direito de romper o matrimônio.

Por que Paulo diz isso? Ele dá a ordem e apresenta a razão. Ele diz que, por amor aos filhos e ao cônjuge, o crente deve prosseguir no casamento: "Porque o marido incrédulo é santificado no convívio da esposa, e a esposa incrédula é santificada no convívio do marido crente. Doutra sorte os vossos filhos seriam impuros; porém, agora, são santos" (v. 14). Não podemos entrar numa discussão completa sobre o que "impureza" e "santidade" significam nesta passagem. Isso é extremamente difícil de determinar. Deve significar pelo menos isto: que outras pessoas que vivem no mesmo lar de um crente gozam um relacionamento com Deus que não gozariam se o crente não fizesse parte do lar. Qual a profundidade desse relacionamento? Quanto aquele crente pode dar ao incrédulo (seja este seu filho, esposo ou esposa)? Estas são perguntas de respostas difíceis. Claramente, a presença de uma pessoa crente santifica ou separa (ver Gn 18.22-33, que mostra a influência preservadora da presença do justo). Por causa da presença do cônjuge crente no lar, o outro cônjuge ou um filho incrédulo está numa posição especial. Com certeza, isso significa que, em um nível mínimo, o evangelho está bem acessível naquele lar. O fruto do Espírito que habita naquele crente está presente naquele lar. Seu trabalho pode ser "provado" e seu poder pode ser visto pelos outros (ver Hb 6.4-5). Além dessas coisas, não podemos dizer até aonde vai o alcance desta passagem.

Paulo prossegue e diz que, se o cônjuge incrédulo resolve abandonar o lar, a situação muda (vv. 15-16). O incrédulo era casado com outro incrédulo, mas agora está casado com um crente e precisa enfrentar algo com que não contava quando se casou. Sua esposa agora vai à igreja uma vez por semana, lê sua Bíblia e ora. Possui novos amigos e está interessada na comunhão com os crentes. Já não concorda em mentir sobre a declaração de imposto de renda e não dá mais valor às coisas de que tanto gostava antes. Aos olhos do marido, ela pode tornar-se chata e irritante. Ele pode decidir: "Não foi isso que tratei com você quando casamos. Você não era crente. Acreditava nas mesmas coisas em que eu acreditava; levávamos o mesmo tipo de vida. Agora, você arranjou essa religião; eu não a amo mais. Vou procurar alguém que me acompanhe em minha maneira de viver. Adeus!" Se o incrédulo quiser separar-se, a Bíblia diz, "que se aparte; em tais casos, não fica sujeito à servidão nem o irmão, nem a irmã; Deus vos tem chamado à paz". Nessa situação, o crente está livre de seus laços matrimoniais, podendo divorciar-se e casar novamente. Ele (ou ela) estará livre.

Contudo, se o cônjuge incrédulo quiser permanecer, há a possibilidade de ganhá-lo para Cristo. Paulo pergunta: "Como sabes, ó mulher, se salvarás a teu marido? Ou, como sabes, ó marido, se salvarás a tua mulher? " (v. 16). Uma das razões para dar continuidade ao casamento, se o cônjuge incrédulo está disposto a isso, é levá-lo à fé salvadora no Senhor Jesus Cristo. Certamente, esse deve ser um pensamento predominante no coração de qualquer cristão. A pessoa por quem o cônjuge teve tanto interesse, que chegou a se casar com ele, ainda não conhece a Cristo, como o crente agora o conhece – esse fato deve produzir no crente um forte desejo de ganhar para Cristo seu cônjuge incrédulo. Se este quiser ir embora, diz Paulo, a oportunidade do cônjuge crente terminou. Essa oportunidade nem existe quando o incrédulo diz: "Esqueça tudo, vou embora".

Se há a possibilidade de ganhar o cônjuge incrédulo, como o crente pode conseguir isso? Especificamente, o que uma mulher que tem um marido descrente deve fazer a fim de ganhá-lo para Cristo? Como ela deve comportar-se? O que ela deve evitar? O que ela deve enfatizar? Como seu comportamento e suas palavras podem contribuir positivamente para esse propósito?

Não há necessidade de especularmos sobre as respostas dessas perguntas. Esse problema é comentado de maneira definitiva em 1 Pedro 3.1, que diz: "Mulheres, sede vós, igualmente, submissas a vosso próprio marido, para que, se ele ainda não obedece à palavra, seja ganho, *sem* palavra *alguma,* por meio do procedimento de sua esposa". É o testemunho da vida da esposa, e não a evangelização com palavras, que Pedro enfatiza. Ele se refere às palavras da esposa, e não à Palavra de Deus, quando diz que o marido pode ser ganho "sem palavra alguma". Observe que a ênfase é colocada no comportamento, e não nas palavras. Pedro continua:

> *"... seja ganho, sem palavra alguma, por meio do procedimento de sua esposa, ao observar o vosso honesto comportamento cheio de temor. Não seja o adorno da esposa o que é exterior, como frisado de cabelos, adereços de ouro, aparato de vestuário; seja, porém, o homem interior do coração, unido ao incorruptível trajo de um espírito manso e tranqüilo, que é de grande valor diante de Deus. Pois foi assim também que a si mesmas se ataviaram, outrora, as santas mulheres que esperavam em Deus, estando submissas a seu próprio marido, como fazia Sara, que obedeceu a Abraão, chamando-lhe senhor, da qual vós*

vos tornastes filhas, praticando o bem e não temendo perturbação alguma" (1 Pe 3.1-6).

E Pedro diz aos maridos:

"Maridos, vós, igualmente, vivei a vida comum do lar, com discernimento; e, tendo consideração para com a vossa mulher como parte mais frágil, tratai-a com dignidade, porque sois, juntamente, herdeiros da mesma graça da vida, para que não se interrompam as vossas orações" (1 Pe 3.7).

Por fim, resumindo, ele conclui:

"Finalmente, sede todos de igual ânimo, compadecidos, fraternalmente amigos, misericordiosos, humildes, não pagando mal por mal ou injúria por injúria; antes, pelo contrário, bendizendo, pois para isto mesmo fostes chamados, a fim de receberdes bênção por herança" (1 Pe 3.8-9).

Os seis primeiros versículos apresentam, de modo especial, diretrizes bem claras quanto à conduta da esposa crente no lar em que o marido é incrédulo.

Homens assim não darão ouvidos à Palavra de Deus. Em geral, a esposa é a última pessoa a quem eles ouvem. Quando pecadores vivem juntos, têm a tendência de irritar um ao outro. Todos os maridos incrédulos que têm esposa crente sabem que ela não é perfeita. Embora ela seja crente, irritam seu marido e freqüentemente deixam-no bastante aborrecido. É muito fácil a esposa se especializar na pregação e deixar a vida de lado. Mas, quando ela faz isso, as irritações falam mais alto do que suas palavras. O marido incrédulo é afastado do evangelho quando a mulher crente insiste em pregar e exortar, mas não faz a menor tentativa de melhorar sua maneira de viver.

Algumas esposas crêem que sua vocação, depois de se tornarem crentes, é marcar estudo bíblico no lar como armadilha evangélica para capturar seu marido. Outras espalham literatura cristã por todos os cantos da casa. Mas, quando o marido chega em casa, sofrido e cansado, e tem de abrir caminho entre folhetos e panfletos, espalhados pela varanda e pela sala, ele entende logo a jogada. Normalmente, ele não gosta da jogada; conclui que está sendo espetado com o evangelho.

Uma senhora que nos procurou para obter aconselhamento estava muito aborrecida com o fato de que seu marido incrédulo rejeitava o evangelho. Ela revelou seu método de ganhar seu marido para o Senhor. Ela sintonizava uma estação de rádio evangélica de manhã à noite e aumentava o volume quando o marido chegava em casa. Enquanto ele estava em casa, vivia tampando os ouvidos. Ele não gostava da música, não gostava da pregação incessante. Enfim, ele estava ficando cheio da esposa e do evangelho. Seu conselheiro a aconselhou a desligar o rádio e começar a dar mais atenção ao modo como ela estava vivendo. Exortou-a a mostrar mais interesse por seu marido como esposa e a bombardeá-lo com atos de amor e interesse, em vez de bombardeá-lo com sermões. Não demorou muito para que o marido viesse às sessões de aconselhamento e, por fim, se tornasse um crente. Mas, com o rádio, ela o estava afastando do Senhor.

É muito importante que a esposa não exorte seu marido ou pregue para ele (ou viva pedindo que ele vá à igreja). Ela não deve enganá-lo, colocando-o em situações em que ele é constantemente inundado pela pregação da Bíblia. Esse tipo de artifício por parte das esposas tem sido usado desde tempos imemoráveis para tentar levar o marido a Cristo. O fato incrível é que isso funcionou muitas vezes! Mas falhou com muito maior freqüência e afastou muitos maridos do evangelho. A pior coisa que uma esposa pode fazer é teimar com seu marido a respeito do evangelho. Os maridos simplesmente desligam esse tipo de esposa.

No entanto, uma coisa que o marido não pode desligar, uma coisa que ele normalmente não quer desligar é uma esposa encantadora. É nisso que o apóstolo Pedro coloca a ênfase. A mulher crente deve ganhar o marido incrédulo não por suas palavras, mas por seu comportamento. Sua vida é o alicerce de suas palavras. Isso não significa que, em certa altura da vida do marido, ela ou outra pessoa não deve apresentar a mensagem do evangelho. É claro que não significa isso! Ninguém jamais foi salvo sem crer no evangelho (ver Rm 10.17). Significa, porém, que ele será ganho mais depressa sem a discussão contínua, a teimosia e a pregação da parte da esposa. O comportamento da esposa no lar fará a diferença. Deixe-me fazer uma pergunta: que tipo de esposa você é? Como você vive em seu lar?

Virgínia veio aconselhar-se. Ela disse: "Meu marido jamais virá. Ele não se importa comigo ou com o casamento; ele não se importa com nada". O conselheiro a exortou: "Virgínia, não desista tão facilmente". E começou a conversar com ela sobre sua vida. Virgínia viu muitas coisas que estavam erradas. Em várias áreas, ela estivera indo na direção errada. Estava falhando como esposa e como mãe. Chegou à conclusão de que devia mudar, mas não como um meio de ganhar seu marido para o Senhor. Essa nunca deve ser a principal motivação. Sua mudança tinha de ser baseada primeiramente no fato de que deveria viver o tipo certo de vida diante de Deus. Ela tinha de buscar a mudança operada por Deus, *quer isso ganhasse seu marido, quer não*. O motivo fundamental tinha de ser uma vida mudada, porque Deus diz: "Buscai em primeiro lugar o reino de Deus e a sua justiça". Essa deve ser sempre a razão fundamental. Assim, Virgínia teve a convicção de que não estava fazendo o que devia fazer como esposa, diante de Deus. Confessou isso a Deus e lhe pediu que a ajudasse a ser uma esposa melhor. Ela desistiu de ganhar seu marido por si mesma.

O conselheiro lhe disse: "Pense em coisas pequenas que você pode fazer para começar". Ela não foi capaz de pensar em nada (fazia muito tempo que ela não pensava em coisas assim!). Por isso, o conselheiro lhe deu uma sugestão inicial: "Por que você não prepara um jantar à luz de velas na próxima noite em que ele chegar em casa? Receba-o à luz de velas. Mostre-lhe que você se importa com seu casamento e está se esforçando para levá-lo adiante. Ele notará que você está tentando ser diferente. Só por causa dele, ponha velas à mesa". Ela protestou: "Ele vai dar risadas! Vai rir às minhas custas. Ele vai dizer: 'Você apagou as luzes; eu não posso comer no escuro' e diversas coisas assim". O conselheiro perguntou-lhe: "Você tem uma idéia melhor?" Ela respondeu: "Não". "Então, tente essa idéia de qualquer maneira", propôs o conselheiro. Sabem o que ela disse, quando voltou para a sessão na semana seguinte? O seu marido, Bratt, entrou em casa, olhou para as velas e disse: "Não tire nada do lugar!" e desapareceu. Um minuto depois, ele voltou com uma máquina fotográfica e tirou uma foto da mesa de jantar! Ele havia notado. Ela não *disse* nada, mas *fez* alguma coisa. A conduta naquele primeiro dia causou mais impacto do que todas as semanas e os meses de teimosia e discussão. Ela tinha outros assuntos vitais que precisavam ser tratados. Mas, por meio dessa primeira tentativa, Virgínia e Bratt descobriram a verdade.

A conduta, e não as palavras, é o que faz a diferença. Virgínia já havia conversado com Bratt sobre ir à igreja, sobre procurar um conselheiro cristão, sobre todo tipo de coisas, sem qualquer resultado. Mas, quando ela começou a fazer alguma coisa, isso fez a diferença, a grande diferença!

Eis alguns comentários genuínos feitos por aconselhados a respeito desse assunto. Um marido, referindo-se à sua mulher, disse: "Vim aqui para ver o que está acontecendo com ela. Quando ela chegou em casa e disse: 'Sinto muito', fiquei admirado; foi a primeira vez que ela disse isso em todo o nosso casamento". Outro marido se expressou assim: "Vim aqui porque percebi que havíamos chegado a uma brecha na barreira, quando ela disse: 'Quero me submeter a você'". Por causa disso, ele começou, pela primeira vez, a se esforçar para tornar seu casamento um sucesso. O apóstolo Pedro diz: "Você, esposa, seja submissa a seu esposo. Assim, se ele ainda não obedece à Palavra será ganho sem uma palavra, por causa do comportamento de sua esposa".

Que tipo de esposa seu marido pensa que você é? Se o seu marido ainda não é salvo, o que ele pensa sobre você? Que tipo de imagem ele tem de você? Ele a considera uma crente teimosa? Pensa em você como alguém que fala muito sobre o cristianismo, mas não o vive? Ou ele começa a vê-la como alguém cuja fé penetrou profundamente em sua vida e fez algo por você? Como resultado, ele está se tornando curioso para saber se essa fé pode fazer algo por ele também? Seu marido vê que Alguém está agindo em sua vida? Ele vê que você se esforça constantemente para ser uma boa esposa, apesar de seu desleixo? Seu marido vê em você bondade e amor, mesmo quando ele está magoado e amargurado, irritado e cruel? A sua fé faz você tratá-lo com doçura? Ele percebe em você aquela qualidade indestrutível de um espírito manso e tranquilo?

Não é a insistência, e sim o comportamento, que demonstra Cristo em uma vida. Aquele encanto suave e tranqüilo de uma esposa fala com eloqüência a respeito de Jesus Cristo.

É interessante observar que Pedro usa duas expressões para descrever o comportamento da esposa: "honesto e "cheio de temor". A segunda se refere ao respeito pelo marido; é a mesma palavra que Paulo usa em Efésios 5, quando fala sobre a submissão da mulher ao marido, como autoridade instituída por Deus no lar. Note, porém, a outra expressão: "honesto", ou seja, puro, casto. Há mulheres crentes que dão a seu marido razões para suspeitar da sua conduta. Não apenas suspeitar de seu ressentimento, mas também suspeitar de sua fidelidade. Em muitas situações, maridos incrédulos foram afastados da igreja de Jesus Cristo pela conduta desatenta (se não, algo pior do que isso) e leviana de suas esposas. Tem havido esposas crentes que ficam muito enamoradas de algum pregador ou líder evangélico que é "tão diferente" daquele "pobre marido incrédulo" que elas têm em casa. Quando uma esposa assume esse tipo de atitude, ela arranja também, freqüentemente, um interesse em descobrir valores em outros homens. Em seu íntimo, ela já deixou de ser uma pessoa pura. A tentação de dar maior valor a outros homens cresce e se torna mais forte. Ela pensa: "Como seria formidável ter um marido crente tão fiel como o João!" ou: "Seria maravilhoso ser a esposa de um pregador como o José". Ela pode até começar a alimentar e a viver fantasias nesse sentido e dar a seu marido razões para suspeitas.

Em geral, há pouco perigo de que isso aconteça com uma mulher que está, por todos os meios, procurando cumprir todos os seus deveres de esposa. Ela tomará cuidado de não negociar com seu marido por meio de seu corpo ou de negar-lhe relações sexuais por causa de ira. Pelo contrário, em plena harmonia com 1 Coríntios 7.1-5, ela será zelosa no cumprimento de seu papel de cônjuge submissa, atraente e pronta a satisfazer sexualmente seu marido. Seu marido não terá necessidade de suspeitar dela. Ele lhe fará "bem, e não mal, todos os dias da sua vida" (Pv 31.12). Ela o estimulará a "alegrar-se com ela" e se esforçará para ser a amante que o satisfaça, alegrando-o profundamente com seu amor (ver Pv 5.15-20). Quão freqüentemente esposas crentes têm falhado em seus deveres sexuais, impondo assim grande tentação ao seu marido incrédulo e desonrando o nome de Jesus Cristo!

Concluindo, há apenas uma mensagem para a esposa cujo marido é incrédulo: ganhe-o por meio de sua vida. Ore e viva. Esse é o seu testemunho fundamental.

Sua Folha de Avaliação

Como esposa de um marido incrédulo, pergunte a si mesma: "O que estou fazendo a respeito disso?" Depois, aliste abaixo as suas respostas e, em oração, tome quaisquer medidas e cursos de ação que lhe pareçam necessários.

1. O que estou fazendo do modo certo?

_____

_____

2. O que estou fazendo do modo errado?

_____

_____

3. O que Deus quer que eu faça para corrigir minha conduta?

_____

_____

Conclusão

Se você identificou algumas falhas em sua família, por que não faz algo para corrigi-las? Aqui está um plano simples e bíblico para ajudá-lo a fazer isso.

Em primeiro lugar, prepare uma lista de todas as coisas que você tem feito de maneira errada em seu casamento (antes de começar, tire a trave de seu próprio olho). Você deve usar a folha de avaliação que aparece no fim deste capítulo. Seja específico, e não geral. Não somos descuidados e indelicados no abstrato; falamos palavras duras, damos socos no chão, deixamos de segurar um casaco ou de abrir uma porta e assim por diante. Vivemos no mundo real; isso significa que pecamos de modo real. Por isso, as mudanças têm de ser feitas de modo concreto. O arrependimento sempre tem um aspecto específico, concreto (cf. Lc 3.8-14).

Em segundo lugar, em atitude de arrependimento, confesse seus pecados a Deus.

Em terceiro lugar, determine mudanças de acordo com os preceitos e os exemplos bíblicos e escreva propósitos específicos ao lado de cada item da lista. Peça a Deus que o ajude a obter essas mudanças.

Em quarto lugar, vá humildemente a seu marido, ou a sua esposa, ou a seus pais, ou a seus filhos e confesse seus pecados contra eles, dizendo que já buscou e recebeu o perdão de Deus e que agora deseja o deles. Tenha o cuidado de falar *apenas* sobre seus pecados e erros.

Em quinto lugar, depois de receber o perdão, procure corrigir imediatamente quaisquer erros e ofensas, sempre que possível. Quando a mudança exigir o desenvolvimento de um novo relacionamento, baseado em um novo padrão de vida bíblico, analise com o seu cônjuge os seus propósitos e peça que ele o ajude a implantar esses novos padrões e esse novo relacionamento nos dias à frente.

Para aprofundar-se mais neste assunto, leia no livro *Conselheiro Capaz* (Jay E. Adams, Editora Fiel, 2008, p. 218-222, 234, 246-248) as informações sobre como estabelecer uma mesa de conferência e avaliação.

Tarefa

Meus Pecados   O que Deus quer que eu
                            faça a respeito deles

_____   _____

_____   _____

_____   _____

_____   _____

_____   _____

_____   _____

_____   _____

_____   _____

FIEL
Editora

O Ministério Fiel tem como propósito servir a Deus através do serviço ao povo de Deus, a Igreja.

Em nosso site, na internet, disponibilizamos centenas de recursos gratuitos, como vídeos de pregações e conferências, artigos, e-books, livros em áudio, blog e muito mais.

Oferecemos ao nosso leitor materiais que, cremos, serão de grande proveito para sua edificação, instrução e crescimento espiritual.

Assine também nosso informativo e faça parte da comunidade Fiel. Através do informativo, você terá acesso a vários materiais gratuitos e promoções especiais exclusivos para quem faz parte de nossa comunidade.

Visite nosso website

www.ministeriofiel.com.br

e faça parte da comunidade Fiel